捧 读

触及身心的阅读

和古人握手系列

和宋朝词人握个手

急脚大师 著

南方出版社
海口

图书在版编目（CIP）数据

和宋朝词人握个手 / 急脚大师著. — 海口：南方出版社，2023.7
ISBN 978-7-5501-8302-5

Ⅰ. ①和… Ⅱ. ①急… Ⅲ. ①词人 - 生平事迹 - 中国 - 宋代 Ⅳ. ① K825.6

中国国家版本馆 CIP 数据核字 (2023) 第 132171 号

和宋朝词人握个手

HE SONGCHAO CIREN WO GE SHOU

急脚大师【著】

责任编辑：	姜朝阳
封面设计：	陈旭麟 @AllenChan_cxl
出版发行：	南方出版社
邮政编码：	570208
社　　址：	海南省海口市和平大道 70 号
电　　话：	（0898）66160822
传　　真：	（0898）66160830
经　　销：	全国新华书店
印　　刷：	河北鹏润印刷有限公司
开　　本：	880mm×1230mm　1/32
印　　张：	8
字　　数：	208 千字
版　　次：	2023 年 7 月第 1 版　2023 年 7 月第 1 次印刷
定　　价：	58.00 元

目录

001　前言：宋词是怎么来的
012　柳永　☆　唉，专业词人不好当
024　张先　☆　大宋风流第一人
032　晏殊　☆　我的歌词不需要大众市场
041　范仲淹　☆　谁说文人手无缚鸡之力
050　欧阳修　☆　文坛领袖就是牛
063　王安石和司马光　☆　台上吐口水，台下心相随
068　韩缜　☆　带着老婆上演"外交风云"
073　宋祁　☆　确认过眼神，你是对的人
079　张才翁　☆　写词写得妙，升职快通道
083　蔡挺　☆　将军一写词，就是连环杀

086	王齐叟	☆ 吐槽"老板"又咋滴
089	王琪	☆ 和《望江南》"死磕"到底
093	苏轼	☆ 让我燃起宋词的一把熊熊烈火
108	黄庭坚	☆ 身处逆境,不坠青云之志
112	秦观	☆ 爱情流行乐也可以写得高大上
119	贺铸	☆ 我很丑,但我很温柔
125	侯蒙	☆ 青铜也能成王者
128	周邦彦	☆ 专业导师带你聆听宋朝好声音
133	朱敦儒	☆ 我从北宋走到南宋,不容易啊
140	胡铨、张元幹	☆ 用词作武器,与他们干
146	辛弃疾	☆ 刀光剑影里的大哥大
163	陈亮	☆ 哎哟,我这暴脾气
166	张孝祥	☆ 状元也可以是猛男
170	陆游	☆ 就算天下人负我,我依然不负天下人
187	文天祥	☆ 大宋最后的绝唱
192	史达祖	☆ "金牌助理"的快活人生
196	戴复古	☆ 不看诗词,我就是个渣男
202	姜夔	☆ 一边是饥饿的肚子,一边是出色的才华

211	吴文英	☆ 没有你的日子我该怎么办
217	李清照	☆ 姐姐一出手，乘风破浪众低头
227	魏玩、朱淑真	☆ 我不要才华，只要我的靖哥哥
232	王莹卿、张若琼	☆ 我的爱情鸟飞走了
237	王清惠	☆ 谁说女子不如男
240	吴淑姬	☆ 用词曲实现自我救赎
243	聂胜琼	☆ 一首词，让情敌成了朋友

参考文献

前言：宋词是怎么来的

有钱没地方花，花出来的

当年，宋太祖赵匡胤黄袍加身，登上皇位之后，却难以安心。我能如此轻易坐上皇帝宝座，他们难道坐不得吗？

怎么办？

像刘邦那样杀功臣，不好吧。都是兄弟。

他把大将们叫过来喝美酒，然后一声叹息："唉，我这皇帝不好做啊，最近老是失眠健忘易冲动。"

大哥这是怎么了？众将领蒙了。失眠倒没啥，冲动可不好。你老人家一冲动，我们的脑袋就会有个洞。

唉，我虽然知道你们没有造反的心，但是，万一你们的手下也把黄袍披在你们身上呢？谁能抵得住诱惑？

哎呀，大哥，小弟们万万不敢啊。几位将领吓得面无血色。据说开国功臣都没好下场，难道轮到我们头上了？

赵匡胤乘机扶起他们："兄弟们，人生短暂，我们当年打仗为了什么？还不是想要多多的金钱享乐？你们不如放弃兵权，到地方上去，负责疯狂潇洒，朕来替你们还款刷卡。"

大将们头点得如同小鸡啄米，纷纷回去买田、饮酒、唱歌、赏舞，过上任性潇洒且枯燥的有钱人生活。这就是有名的"杯酒释兵权"。

自从"杯酒释兵权"后，皇帝大幅提高将领们的待遇，鼓励臣下多买田享乐。因此文人和将军们都以享乐为荣，不享乐的人反而被认为是异类。你拿钱不去买田买房享乐，皇帝也不放心啊，你想干吗？存钱买兵器造反吗？也想来个黄袍加身？

宋朝的江山来得有点莫名其妙，只要手握兵权，精心策划，时机一到，表演黄袍加身的游戏，谁又敢说个不字？皇帝们都想着怎么打压武将，用钱来消磨他们的斗志。文人再怎么闹，也不过打打嘴仗、过过嘴瘾，没有枪、没有炮，他能干吗？

要压制武将就得提高文人的地位，同时造福百姓，赢得大多数人的拥护。

如何赢得拥护呢？

给钱、享乐。放开吃、尽情玩，国家买单。只要大家一心追求享乐，就不会有人想着造反。造反为了什么？还不是为了玩乐和享受？有钱有闲有地位，谁又会冒险造反？

汉唐时期，从上到下崇尚武力与对外扩张。文人都想封侯万里，立功边塞。这种思想有好有坏。好的地方是始终以老大的姿态傲视群雄；不好的地方是谁都想做龙头老大。这导致唐末五代一百多年的连续混战，天天打来打去，弄得大家精疲力竭。宋朝统一以后，从君王大臣到民间百姓，都带有强烈的厌战情绪，希望安安稳稳地享受生活。那种不是你死就是我亡的日子有什么意思？尽情享受生活不好吗？

为了让大家放心消费，争创标兵，宋朝皇帝立下祖训：不杀士大夫及上书言事之人；不加农田之赋。

对内好言相劝，对外低头言和。蛮人嘛，抢点东西就走了，给点好处就停了，只要不抢我的龙椅，尽管开口。我们有钱！我大宋能用

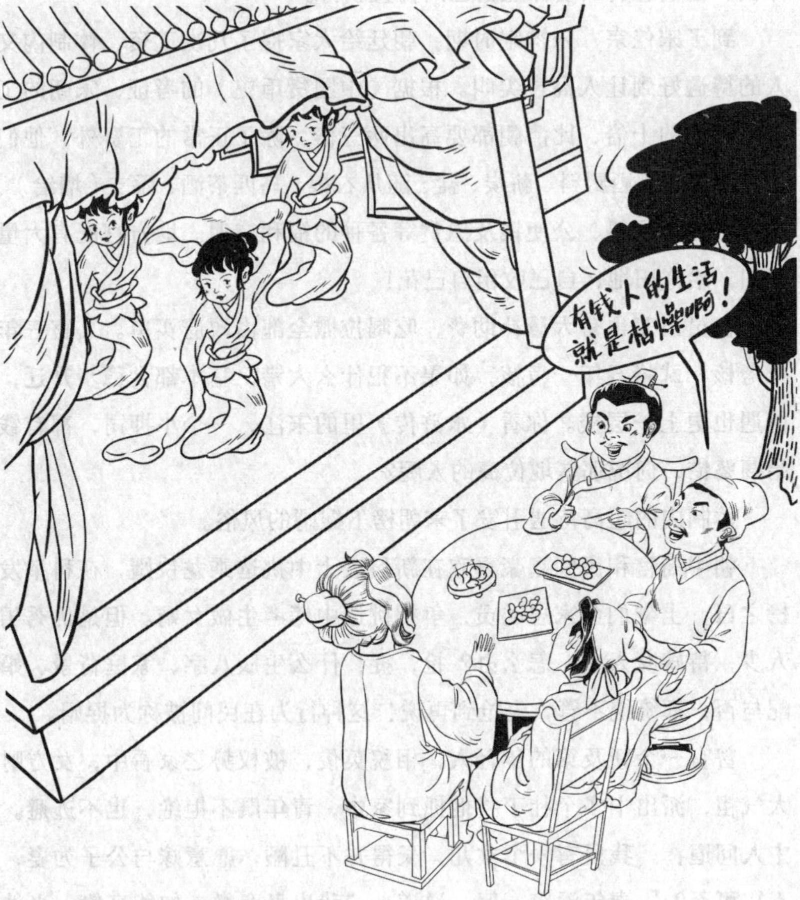
有钱人的生活
就是枯燥啊！

钱搞定的事，绝不用刀枪。只要内部没人造反，稳定有序，让我享受人生，我的地盘我做主就行。

这种文化导致宋朝对外政策极其软弱，敌国想要什么，政府就给什么。他们想着只要保住自己的位置就行。

到了宋仁宗、宋神宗时期，朝廷给大家提了几次工资，体制内文人的待遇好到让人高声尖叫。根据《中国货币史》的考证，宋朝的工资是汉代的十倍，比清朝都要高出两三倍。除了正常的工资外，他们还有服装、茶酒厨料、薪炭、盐、随从衣粮、马匹茶酒、添支（增给）、职钱、牲畜饲料、公使钱及恩赏等各种的福利待遇。地方官配有大量职田，给你田地，自己收租自己花！

官员出差也有大量补助费，吃喝拉撒全部由政府买单。文官三年一考核，武将五年一考核，如果不犯什么大错，基本都会稳步升迁，待遇也更上一层楼。你看《水浒传》里的宋江，一个小押司，都有钱给阎婆惜，何况那些地位高的人呢？

体制内的超高待遇引发了宋朝榜下捉婿的风俗。

朝中高官和民间富豪喜欢在新科进士中挑选乘龙快婿，在科举发榜之日，土豪们全家总动员，争相挑选中榜考生做女婿。但是优秀男人少，待嫁女人多，怎么办？抢，捉！什么生辰八字、家庭背景、婚配与否，都统统不管，先抢到再说！这种行为在民间被称为捉婿。

曾有一个新及第的年轻人，相貌英俊，被权势之家看中，女方财大气粗，派出十多个壮丁将他抓到家中，青年既不拒绝，也不逃避。主人问道："我只有一个女儿，长得并不丑陋，愿意嫁与公子为妻，不知可否？"青年深鞠一躬，说道："我出身寒微，如能高攀，当然愿意，要不您等我回家和妻子商量一下，怎么样？"

官员待遇这么好，但钱从哪里来呢？

想要维持官员们的庞大开支与享乐，宋朝只有拼命发展经济。于

我中啦!

给我抓住他!

没事没事,你不要紧张,就是想让你做我女婿!

……

是商品经济、外贸经济、夜市经济飞速发展，百姓负责赚钱步步高，朝廷负责收税哈哈笑。工商税成了宋朝最主要的财政收入。

除此职位，朝廷还在明州（今浙江省宁波市）、杭州、泉州、广州等大城市设立了市舶司（相当于现在的海关），专门管理海上的对外贸易，让天下没有难做的生意。根据南宋人周去非《岭外代答》的记载，当时朝廷跟五十个国家保持通商，进出口贸易做得风生水起，财政收入有了新的来源，大宋王朝不缺钱。

于是赚钱享乐成了宋朝的主基调，上行下效。宋朝以前的老百姓一天只吃两顿，皇室可以吃四餐，诸侯三餐。现在大家都可以一日三餐，夜市晚上不关门，人们玩累了还可以吃个夜宵什么的。社会上出现了专门的工商业阶层，这些人一日三餐都在街市上买着吃。

官员文人们的钱袋子大鼓，老百姓的钱袋子小鼓，从上到下，纷纷开始享受人生。听歌、赏舞、围棋、象棋、蹴鞠（古代足球）、斗茶、斗蟋蟀……各种各样的娱乐活动应有尽有，享乐主义盛行一时。

加上宋太宗下令解除了宵禁制度，百姓们晚上也能做生意，夜市经济火爆，京城汴京（今河南省开封市）通宵达旦地狂欢。

于是歌舞的需求量大增，歌词供不应求。市场经济的那双无形之手调节着宋词最初的内容，词必须通俗易懂甚至有娱乐性，否则听起来有啥意思。总不能放松的时候还听道德文章吧？

经过层层考试选拔出来的官员基本都有些文字才华，他们看看那些歌词，不难嘛，小文人写得，我们写不得？而且官员们唱个"卡拉OK"，总得有比较高雅的歌词吧？来，唱我写的！

所以，词跟诗不一样，它产生于灯红酒绿的歌舞亭台，是为了应对城市丰富多彩的生活而产生的，正宗的词的内容基本不会涉及农村生活。

稳定舒适、富裕奢华的生活是宋词产生的坚强后盾。

跟音乐谈恋爱，谈出来的

宋词和乐曲像极了一对青梅竹马的恋人，词是稳重的男子，曲是多情的女子。

懵懂期

宋朝以前，是词与曲的青梅竹马期。小男孩（词）紧紧地拉着小女孩（曲）的手，"郎骑竹马来，绕床弄青梅"，两小无猜，共同成长。

词原本就是伴随着音乐而生的，是娱乐和宴会场合演奏的助兴音乐。开始只是下层乐工、歌伎们唱的情歌，如果要唱出来，必须得填歌词啊。于是部分文人根据现有的乐曲为歌伎们填词，也有懂音乐的高手自己创作乐曲。大家慢慢地总结创作出各种旋律和节奏的曲子，这些曲子有一个共同的名称——词牌。各个词牌在篇幅、句式、韵律方面都有固定格式，这叫词谱。

刚开始，不同的词牌代表不同的音乐风格：《满江红》好比激情澎湃的摇滚乐；《声声慢》犹如缠绵悱恻的流行乐；《沁园春》有点小清新；《蝶恋花》有些小抑郁。

词曲一开始在民间流行，后来也在宫廷流行。

皇帝们的业余生活也需要音乐与美酒，他们天天工作，下了朝也得娱乐娱乐。到妓院去听歌，不合适。到民间去听曲，不安全。

于是从唐高祖开始，宫中设立了教坊司，专门创作和表演流行音乐、民间俗乐。

在唐朝，词仅限于娱乐场合。听音乐是大家下班以后图个乐子。所以，最初的需求决定了词的格调和地位不高，正统的文人和官员们不敢轻易尝试，万一被定位成俗词写手，将来没有前途可言怎么办，不如写诗、写文章来得实惠。

初恋期

宋朝初年到宋仁宗前期,是词与曲的初恋期,从朦胧的感觉到热烈的相爱。

宋太宗恢复了教坊司,吸引了五代十国流落各地的作曲与演唱的高手,唐朝宫廷教坊里的旧曲子也陆续被整理出来。宋太宗本人就是个典型的文艺青年,不仅喜欢听曲子,还时不时地创作新曲子(但他不填词)。

老大的喜好往往是时尚风向标,从中央高官到地方小吏都迷上了流行音乐。小令太短,听了不尽兴,我两杯酒还没喝完,你就唱完了,岂不扫兴?慢曲长调成了大宋流行音乐界的最强呼声,张先、柳永在这方面做了霹雳先锋,他们在词中尽情地描写丰富复杂的内心活动和缠绵悱恻的爱情。

人们活在太平盛世,忘记了战争的阴影,享受着安定富足的生活,词与曲的需求量大增。但是双方的恋爱始终不被正统社会接受与认可,毕竟词的出身卑贱,内容低俗。所以宋朝初年,专注写词的文人数量极少。直到晏殊、欧阳修、范仲淹等上层文人尝试写词,引领方向,词与曲的恋爱才有了更多的支持者。

时代在发展,词牌在创新,虽然宋朝科举并不考词,但市场需求旺盛,大家高度关注,写词容易打出名气。文人们没事干的时候,纷纷填词作曲。

热恋期

宋仁宗晚期到宋神宗、宋哲宗期间,乃是词与曲的热恋期。

秦观等高手纷纷登上舞台,煽起了两个恋人的一把火,并让这火越燃越旺。但是,热恋的同时,两人也产生了隔阂,迎来了矛盾期。苏轼、黄庭坚等人倡导的豪放派横空出世,他们发出了灵魂拷问:为什么词就一定要拿来唱呢？为什么不能与诗歌试比高呢？

于是，宋词不仅仅是为了音乐而唱，也不再受曲子的束缚。

离开了温暖闺房，抛去了卿卿我我的内容，词被注入了恢弘气势，可以跟诗歌一样抒发情怀、点评古今、深入农村下基层，进入了更高的境界。

随着越来越多的文人加入写词的队伍，词渐渐地脱离了曲子，词牌也不仅仅只是乐曲风格的体现了。名称不一定跟内容相关，比如，《贺新郎》不一定跟结婚有关，《沁园春》也不一定写春天。有些保留原来的乐曲名称，如《菩萨蛮》《蝶恋花》等；也有些摘取一首词里的几个字当作词牌，因为"箫声咽，秦娥梦断秦楼月"就有了《忆秦娥》；当然，也有些跟词的内容密切相关，《踏歌词》歌咏舞蹈，《欸乃曲》歌咏划船，《渔歌子》歌咏打鱼。

复合期

宋哲宗晚期到北宋末年，是词与曲的复合期，小别胜新婚。

精通音乐的宋徽宗成立了专职音乐机构——大晟府，集合朝廷的力量收集整理以前的曲子和词谱。担任音乐机构最高领导的周邦彦率领属下重新修订旧曲，创作新曲与词牌。

宋词跟音乐经过了短暂的分别，又紧紧地拥抱在一起，但是沉醉温柔梦乡也意味着看不到穷途末路。

金人一声令下，汴京陷落，北宋灭亡，人们好不容易整理出来的词谱与乐曲也跟着失传。生活无法安宁，谁还会想着词跟曲的感情好不好？

生活在北宋末期的李清照、朱敦儒等人的头脑中保留住了原先的标准曲调，他们成为宋词承前启后的一代宗师，小心地呵护着词与曲这对恋人已经极其脆弱的感情。

离婚冷静期

到了南宋，国家软弱，对外称臣，国事衰败，屈膝投降，谈恋爱不是主流文化。词和曲进入了离婚冷静期。

词人也分成了三种：一是继续呵护词曲的感情，沉迷享乐，拍马逢迎，搂着歌伎喝花酒，写出来的词无外乎女人和离愁，比如史达祖；二是隐居世外，懒得烦神，事不关己高高挂起，写出来的词带着狂傲与颓废，比如朱敦儒；三是愤世嫉俗，摇旗呐喊，壮志饥餐胡虏肉，写出来的词豪放激昂，比如辛弃疾、陆游、张元幹、张孝祥等。第三种词人一度占据了主流，词在他们手中被注入了灵魂与力量，抛却了阴柔与媚态。词不是用来唱的，而是用来呐喊的！

词与曲分手了。

黄昏恋期

南宋中后期，是词和曲的黄昏恋期。

豪放派与婉约派基本定型，该写的内容已经写完，前面有苏轼、辛弃疾、周邦彦、李清照等明星巨匠，令人高山仰止，想要超越绝无可能。很多词人不是模仿他们，就是在模仿他们的路上。唯有另辟蹊径，才能在强手林立的文坛拥有一席之地。

于是，拥有极高音乐天赋的姜夔脱颖而出，作出了新的尝试，他自制新曲，雕琢文字，用华丽典雅、音律和谐的词风震惊后世。词与曲迎来了短暂的黄昏恋。

此时，词和曲也到了风烛残年，相恋的两个人已经没有了当年的激情与缠绵。看着对方逝去的容颜，两人只能靠化妆品来掩饰满脸的褶皱，但因化妆过浓，渐渐失去了纯正的天然美。

宋词里历史典故和华丽辞藻用得过多，内容越来越琐碎，越来越让人看不懂。

同样是写月亮，北宋词人写："明月几时有？把酒问青天，不知天上宫阙，今夕是何年……人有悲欢离合，月有阴晴圆缺，此事古难全。但愿人长久，千里共婵娟。"（苏轼《水调歌头》）南宋词人写："千古盈亏休问。叹慢磨玉斧，难补金镜。太液池犹在，凄凉处、何人重赋清景。"（王沂孙《眉妩》）

终结期

到了南宋后期，是词和曲爱情的终结期。女人（曲）去世了，男人（词）心脏衰竭，他深居简出，再也无法引起人们的关注。宋词越来越脱离群众，人们写词时刻意雕琢，用词生僻，写词纯粹成了文人之间的游戏，用来关起门来，自娱自乐。

宋词也就渐渐走向了消亡。

为了更好地赏析宋词，书中提出了几个常用的赏析宋词的方法：

一是咬文嚼字法，也就是还原古人炼字过程的方法。在读诗词的时候，尝试着把作者使用的字词换掉，仔细对比，看看有什么细微的差别。这是提高语感很实用的一个方法。

二是组词造句法，对诗词中重点的字进行组词造句，在语境中了解古人炼字的含义，看看这个字有什么深刻的含义与生动的效果。

三是画面重组想象法，我们在读诗词的时候，可以想象眼前出现了一幅什么样的画面，用放电影的方式把词的内容放出来。

四是改编内容法，在尊重词本身含义的基础上，适当地对词的内容进行个性化改编，可以打乱原来的顺序，加入合理的想象，按照自己的话翻译出来。

在赏析宋词的时候，作者会穿插使用这几种方法，希望对读者尤其是初高中生有些帮助。

柳永·唉，专业词人不好当

被"粉丝"包围的感觉，真好

他从小饱读诗书，刻苦用功，第一次进京城参加礼部考试的时候，经过人间天堂——杭州，极致景色、优雅美女、奢华物品、悠闲生活……他一下被迷住了。

他摸了摸口袋，银子还有，于是决定找个青楼，潇洒走一回。

姑娘们如潮水般涌来，柳永享受着众星拱月般的追捧，身边是温柔似水的女子，耳边是余音绕梁的曲子！

嘿，如果能留在人间天堂，还去什么京城啊？我还年轻，考试可以再等几年嘛！况且凭我一身才华，还需要参加考试吗？

趁着年轻，享受当下吧！

柳永学着唐朝诗人们的干谒诗（为了求官而作的诗），写了首干谒词，献给杭州一把手。因为平时很难见到领导，柳永只能通过献词引起对方的注意。长官您太威武了，把杭州城治理得这么好！

这首词就是轰动一时的《望海潮·东南形胜》：

东南形胜，三吴都会，钱塘自古繁华。烟柳画桥，风帘翠幕，参差十万人家。云树绕堤沙，怒涛卷霜雪，天堑无涯。市列珠玑，户盈罗绮，竞豪奢。

重湖叠巘清嘉。有三秋桂子,十里荷花。羌管弄晴,菱歌泛夜,嬉嬉钓叟莲娃。千骑拥高牙。乘醉听箫鼓,吟赏烟霞。异日图将好景,归去凤池夸。

我们可以采用画面重组想象法来欣赏这首词。首先选取一些关键词:如烟的柳树、彩绘的桥梁、遮风的竹帘、绿色的帷幕、三秋桂子、十里荷花、醉听箫鼓、吟赏烟霞,这些词组合起来,眼前出现了典型的江南画面,有山有水有人家。

高高低低的房屋下有十万多户人家,我们仿佛看到了来来往往的热闹人群。杭州城外,钱塘江旁耸立着一棵大树,宽广的江面上翻涌着一朵朵白色的浪花;杭州城内,街上新奇的商品琳琅满目,家里的绫罗绸缎堆满。我们眼前仿佛看到了繁花似锦、热闹非凡的大都市,这里不仅有美丽的风景,还有各色的商品。

上片写静景,下片写动景,动静结合,才不单调。

重叠的山峰、飘香的桂花、盛开的荷花,不断冲击着人的感官。阳光温暖,羌笛吹起,夜空中布满繁星,水中有人划船歌唱,采莲女、垂钓翁,个个眉开眼笑。身处其中,人们幸福得像花儿一样。"高牙"指高官、长官。"凤池"全称"凤凰池",是皇宫里的池塘。成千上万的士兵拥戴着长官,他们乘着酒兴,听着箫鼓,吟诗作赋,欣赏美景。这些美好的景色以后得找人画出来,当您升官去京城的时候,也可以向朝廷中人夸赞杭州城的美景与繁华。

杭州是个好地方,人间天堂众向往。

柳永一词成名。不仅女人喜欢他的歌词,男人也喜欢。他不仅红遍江南,还红到边疆。到了南宋,金朝第四位皇帝完颜亮读到这首词,流着口水感叹:"'三秋桂子、十里荷花',多美啊!哪像我们这种荒蛮之地。还是要杀过去,拿下它,看荷花!"

这是后话了。

柳永虽然因这首词收获了名气。但是,在科举制公平完善的宋朝,考不上进士,再有名气和才华,也相当于没有文凭,很难有好的前途。杭州太守不可能私自重用一个没有文凭的人。

从此,没有正当职业的柳永成了专业的填词作曲人。专门为歌伎们量身定做歌词。免费逛青楼的同时,还能拿点小费。

为了让歌词更易于演唱,他深入学习音乐格律和遣词造句,写出的歌词朗朗上口,很快就火遍了杭州城。从"凡有井水饮处,皆能歌柳词"可以看出他当时的名气有多大。他也成了万千少女心目中的偶像,歌伎们以唱他的词为荣。哪位歌伎能够最先拿到他的新词,立刻身价暴涨。当时最流行的网红语就是:"不愿穿绫罗,愿依柳七哥;不愿君王召,愿得柳七叫;不愿千黄金,愿中柳七心;不愿神仙见,愿识柳七面。"因为他在家中排行第七,又称"柳七",原名"柳三变"。

所以,被众人视作偶像的柳永第一次参加科举考试,信心满满,我考不上还有谁能考上?天下男女哪个不喜欢我的作品?我"定然魁甲登高第"啊!

可现实给了他一个大嘴巴子,醒醒吧,偶像。

柳永遇到了立志改变五代时期奢靡虚浮文风的宋真宗。皇帝规定:"读非圣之书,及属辞浮靡者"一律不得录取。淫词俗调、轻浮文章在考试中统统不受欢迎。

被科举蹂躏的滋味,真苦

考试评卷的标准变了。自信心爆棚的柳永没考上,最后愤怒地写下一首《鹤冲天·黄金榜上》:

黄金榜上，偶失龙头望。明代暂遗贤，如何向。未遂风云便，争不恣游狂荡。何须论得丧？才子词人，自是白衣卿相。

　　烟花巷陌，依约丹青屏障。幸有意中人，堪寻访。且恁偎红倚翠，风流事，平生畅。青春都一饷。忍把浮名，换了浅斟低唱。

　　一不小心，我失去了中状元的机会。不过想想，即便在政治清明的时代，君王也会错失人才。我今后该怎么办呢？就做一个风流才子吧。为歌伎们填歌词、谱曲子，跟意中人嬉戏打闹，岂不快活？何必跑来凑热闹！何必参加无聊的科举！酒杯、屏风、绣房、美人，公卿将相们该有的，我也有啊。不考了！失去我，是朝廷的损失！

　　他就这样任性地浪荡潇洒了几年，心里又有点空虚。给歌伎们填词终不是长久之计，也不会被主流社会接受和尊重。

　　因为宋朝从官方到民间都极为重视科举出身，考不中科举就没有官做，没有官做就没有稳定的超高收入和显要地位。大宋王朝也一直试图通过科举收拢五代十国时期散乱的人心。

　　宋朝建立初期，皇帝们忧心忡忡，武将靠不住，文人要拉拢，新建立的大一统国家缺人才啊。怎么利用流水线大批量生产朝廷急需的人才呢？用贵族，他们能听我话吗？用平民，怎么发现他们呢？发现了他们又怎么任用他们呢？

　　嘿，隋唐的科举考试不错，但并不完全公平公正。唐朝考试的试卷上能看出学生的姓名和籍贯，许多人考前会跑关系走后门，导致选拔的效率与效果大打折扣。最后科举成了贵族之间任人唯亲的游戏，选出来的都是他们的人，那我做皇帝有啥意思？

　　必须选出我想要的人！为了笼络更多的文人雅士，大宋皇帝们不断地同不公平的考试制度作斗争。

　　考试的时候，把考卷上考生的姓名、籍贯等封起来，叫"弥封"，

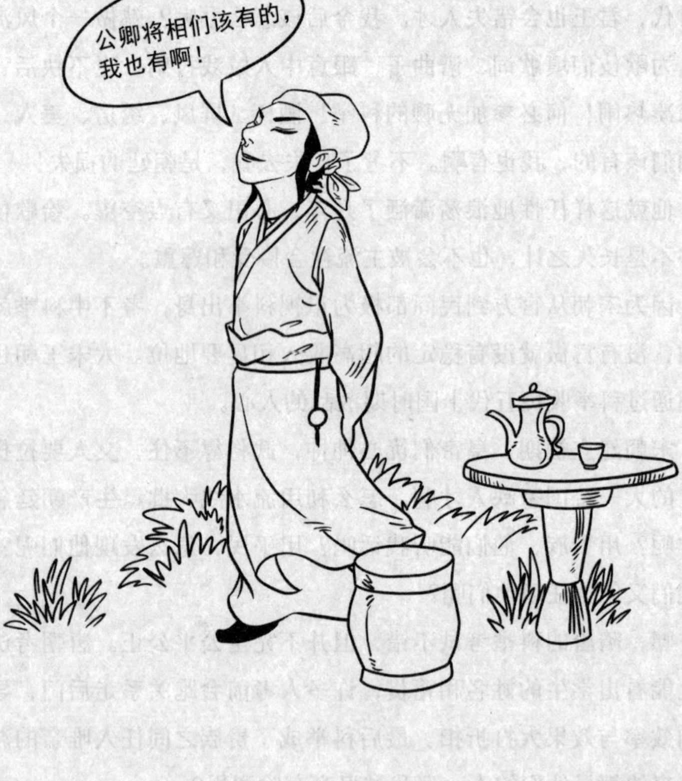
公卿将相们该有的，
我也有啊！

又叫"糊名"。这样一来，考前打招呼、走后门不太可能了。

考生名字看不到，那笔迹呢？把我平时的笔迹给打过招呼的考官看，让他凭字迹打高分？也没门！朝廷设置了誊录院，考卷一律由政府工作人员重新誊写。

如果命题人泄露考题给家人或者亲戚怎么办？朝廷又创立了锁院与别试制度，只要被任命为考官、命题人等，一律提前封闭式隔离，大概五十多天的时间不得外出、回家、见人。考官们的子女亲戚要参加科举的，另设单独考场，进行"别试"，重新拟定考题。

皇帝笑了，这下公平了吧？谁打招呼都不行，想要做官，必先考试。你们考上只能感谢一个人，皇帝我！从此，考生成了天子门生。

在严格公平的科举考试制度下，中下层的贫寒子弟们看到了希望，考上了真的有肉吃啊，因为的确有很多草根凭借科举考试一飞冲天，逆袭翻身。民间的读书热情高涨，又引爆了印刷技术的飞速提升！

如果自己的孩子不读书不参加科举考试，家长在别人面前根本抬不起头。一个家族如果出了个进士，那就瞬间拉高整个家族的档次。历经几百年的门阀贵族制度，在宋朝严格公平的科举考试制度下瞬间土崩瓦解。

此乃宋朝统治者的高明之处，打击强大的敌对势力与铲除盘根错节的名门望族，并不一定要用暴力。你让大批寒士尽开颜，给他们晋升空间与极高待遇，寒士们就会拼死拥戴并维护你，彻底挤掉那些高高在上、不干实事的贵族。

科举成了皇帝集权、收揽人心的最有效的手段，所以皇帝们非常重视。想要有良好的前途，必须通过考试，这是铁定的事实、祖传的规矩。

不考试的人，既得不到朝廷的重用，也得不到社会的尊重。再有名，你也只是个底层的填词人，是个彻底的失败者。这哪个男人受得了？再说，靠填词，能赚几个钱？

所以潇洒了几年的柳永又开始继续参加考试，不过，虽然带着王者的霸气，却镀上了青铜的晦气，第二次、第三次考试，他都失败了。

第四次好不容易榜上有名，他却又遭遇了一个老女人的灵魂拷问。

皇太后看到了到处传唱的《鹤冲天·黄金榜上》，心里很不高兴，这是写的什么玩意儿？还"烟花巷陌，风流事，平生畅"？难道考中科举的都是些虚浮的人？你小子怎能明白科举的重大意义？难道我的丈夫跟儿子们因为没有录取你柳永而都成了昏君？难道现在的科举不公平？

母亲大人一发怒，尚未亲政的宋仁宗也不可能反抗，于是他作出重要批示："且去浅斟低唱，何要浮名？"意思是好好到烟花柳巷填词唱歌去吧，要朝廷给你虚浮名声干什么？

皇帝一句话，前途没商量！柳永心里拔凉拔凉的！

从此，柳永进了科举场和官场双料黑名单。望着高高的皇宫围墙，柳永心中万分凄凉与愤怒。成也歌词，败也歌词。再也不来这个破京城！走了！

心爱的姑娘拉着柳哥哥的手，不走行不行啊？

被老大无情地抛弃，真冤

唉，在京城没办法找工作了，那就改个名字，到其他地方碰碰运气吧！于是"柳三变"成了"柳永"。

堂堂七尺男儿，怎么混成这个怂样？留在这里太丢人了！临行之前，他写下一首《雨霖铃·寒蝉凄切》送给京城的情人：

寒蝉凄切，对长亭晚，骤雨初歇。都门帐饮无绪，留恋处，兰舟催发。

执手相看泪眼,竟无语凝噎。念去去,千里烟波,暮霭沉沉楚天阔。

多情自古伤离别,更那堪,冷落清秋节。今宵酒醒何处?杨柳岸,晓风残月。此去经年,应是良辰好景虚设。便纵有千种风情,更与何人说?

用画面重组想象法想象一下,眼前出现了寒蝉、长亭、急雨、泪眼、烟波、清秋、残月……这景色让人感到孤独寂寞又寒冷。他心中涌起一阵悲伤,决定用酒麻醉自己,酒醒了,月亮也不懂事,挂在天上的还是个残月,这不让我更伤心吗?"催",催什么催!"噎",很多话到嘴边,又咽了下去,不知道说什么。亲爱的,我走了,从此你我相隔千里,纵有万种风情,又能向谁求安慰呢?

柳永开始浪迹天涯,四处找工作。他终于开始体会到没有"文凭"而寸步难行的尴尬,有些后悔年轻时候的冲动与浪荡,想着当时应该先考试后潇洒啊,真是失误。

大约过了十年,一个好消息传来:宋仁宗亲政以后,为了笼络人心,特意开设恩科,放宽录取标准,专门针对历届科举考试的落榜生。

五十岁的柳永与哥哥柳三接立即狂奔京城,参加恩科考试。这一次,他们双双考中。两个老头抱头痛哭,不是梦,真的不是梦。

柳永被任命为睦州(今浙江省建德市)团练推官(基层司法官员)。

消息一出,京城青楼哭声一片,哥哥又要走了,哥哥又要离开我们了。铁杆"柳粉"——歌伎们自觉排成十里长街的队伍,依依不舍地送别偶像,那场面,赶得上世界超级巨星的派头了。

可是,对于晚年的柳永来说,歌伎的不舍可比不上官方的认可,老来得编,堪比老来得子。他准备大展拳脚,在基层一步一个脚印,然后一年一个台阶,哈哈,哈哈。

可现实又敲疼了他的脑袋,老柳,你的想象力好丰富啊。

在基层担任了九年的地方小官,他工作卖力,才华横溢。按照宋朝的官员考核制度,早该轮到他高升了,可是黎明始终静悄悄。难道朝廷还在意之前的那件事?领导还不放过黑名单上的柳三变?我不是改名字了吗?

谁让你太出名了呢?

唉,当初我也只不过发发牢骚,何必如此计较呢?

柳永急了,再等下去,都七老八十了,还有机会吗?怎么办?皇帝是不是不了解我的才华?对,献一首新词给他。

柳永发挥毕生填词作曲的才能,自创词牌《醉蓬莱》,填上华丽字句,给老大唱了一首赞歌——《醉蓬莱·渐亭皋叶下》:

渐亭皋叶下,陇首云飞,素秋新霁。华阙中天,锁葱葱佳气。嫩菊黄深,拒霜红浅,近宝阶香砌。玉宇无尘,金茎有露,碧天如水。

正值升平,万几多暇,夜色澄鲜,漏声迢递。南极星中,有老人呈瑞。此际宸游,凤辇何处,度管弦清脆。太液波翻,披香帘卷,月明风细。

秋天的树叶掉落在亭子旁,白云飘在高高的山岗上,秋雨初停,天空放晴。华美的宫殿高耸入云,好像锁住了大自然的郁郁葱葱。台阶两旁,菊花初开,嫩黄耀眼;芙蓉绽放,红色醉人。华丽的宫殿洁净无尘,承露盘中盛满令人长寿延年的仙水,碧蓝的天空明静如水。

正值太平盛世,皇帝日理万机,仍能闲庭信步。夜色清新,滴漏的响声从远处隐约传来。南极星里有位慈祥的老人,创造了如今的太平盛世。他的车驾在哪里呢?也许就在清晰悦耳的管弦声乐之中吧。明月悬挂在天上,一阵阵的清风吹得皇城禁苑的池水波光粼粼,吹得豪华宫殿里的门帘清香阵阵。

整首词他最想说的话是:皇帝陛下,您就是那个开创盛世的南极星老人,遇到您,我们好幸福啊!

看着刚写好的词,柳永得意扬扬,老大怎能不心动?也该赏识我的才华了吧?这么多年来,看看别人接二连三地升迁,我只能原地踏步,心里苦啊。

可是,不承想,这首词又成了柳永刻骨铭心的痛。

宋仁宗看到这首词,顿时眉头紧皱。"渐"?这个字太刺眼,大渐就是病危、不吉利,跟大限到了一个意思啊。"此际宸游,凤辇何处",这不跟我哀悼老爸(宋真宗)的挽词意思一样?这个家伙想干吗?抄袭抄到老子头上了?太液池也叫"蓬莱池",在唐朝长安城大明宫内,这里虽然借指皇宫,可你为什么要加个"翻"?我住的地方要翻?为什么不写"波澄"?脑子进水了吗?

宋仁宗将词丢在地上,又作出重要批示:"自此不复进用。"意思是以后谁都不准提拔他。

柳永瘫坐在地上,唉,完了,完了,跟判死刑没区别了。一味使用适合押韵的好字词,却没仔细研究老大的心理。大意啊!多么痛的领悟,每一步都走得好孤独。此后,他只能小官做到死,郁闷伴终生。

其实,柳永最懂音律和作曲,他的词主要消费者是歌伎、妓女,不严格遵守音乐规律,唱起来就会上气不接下气,这样怎能唱得好?"太"字发音在舌头上,"液"字发音在喉咙间,"波"是重唇音,上下唇紧闭而发出声音,"翻"是轻唇音,上齿与下唇相接,让气流从唇齿间的窄缝中泄出,摩擦成声,声带不振动。四个字的搭配极为讲究。唱歌的时候,先由舌头到喉咙,再由喉咙发出重唇音,又摩擦产生轻唇音,歌伎们可以顺畅地吸气吐气。如果换作"澄",变成了卷舌音,歌曲收尾的时候会很不协调。

柳永的语言贴近老百姓的生活,又特别注意歌伎们的演唱规律,每个字都很有讲究。所以专业选手特别喜欢他的歌词,唱起来既轻松婉转,又通俗易懂。长调慢词在他的手上成了宋朝流行乐坛的压轴形式。

只可惜,宋仁宗不懂这些,也懒得听解释,反正他觉得字词特别碍眼,看了就是不舒服。

柳永的遭遇本质上并不完全是他个人的问题。

被大环境左右的生活,真累

词起源于隋唐时期从西域传到中原的一种音乐,叫作"燕乐"或"宴乐"。是供人们工作之余享乐听的。内容大多关于情情爱爱、享受生活。

大家白天工作累得要死,晚上聚会,想要听点轻松的解解闷。你不唱"妹妹你坐船头,哥哥我岸上走",而唱"艰难苦恨繁霜鬓,潦倒新停浊酒杯",还不被人轰下台啊。

所以从唐朝开始,词的地位就不高,最初填词的都是些不入流的人,文人写这种东西,影响前途,领导看你写俗词滥调,会怎么想?所以正统文人都不太敢轻易尝试。

唐朝以后,中国进入战争频繁的五代十国时期,长期的混乱与分裂让所有人疲惫不堪,人心思定。改朝换代频繁,大家感觉人生短暂。有人纵情享乐,今朝有酒今朝醉,人性深处的欲望被赤裸裸地搬上了台面;有人在宗教中寻求解脱,希望能够尽快脱离凡尘,飞向极乐世界,走进没有痛苦的仙界。

汉朝以来备受尊崇的儒家学说逐渐衰落,出现了"儒门淡泊,收拾不住"的现象。

宋太祖赵匡胤陈桥兵变,一统天下。但是国土统一了,人的思想怎么统一呢?如何让整个社会拧成一股绳呢?怎么才能不再出现你争我夺的现象呢?如何控制住人内心深处种种丑陋的欲望?如何完善儒家学说,适应新时代大一统社会的要求……

种种急需解决的问题，摆在了统治者与文人们的面前。伴随享乐主义而出现的爱情歌词，自然不受当权者待见。

北宋初年，在宋太祖、宋太宗、宋真宗等朝代经历的八十多年时间里，根本没多少文人关注与创作词。皇帝觉得词上不了台面。这玩意儿，在娱乐场合听听还行，想要通过写词参加科举进而治国理政，不行！在人们的固有印象中，词就是一种不入流的娱乐。

宋朝初期的考试跟唐朝一样，依然以诗赋为主。到了宋仁宗时期，朝廷对科举考试进行改革。第一场考试为策论（议论文），最后一场才考诗赋，策论的水平决定总的成绩。到了宋神宗时期的王安石变法，干脆取消了诗赋题，直接考对儒家经典书籍的理解，大家都纷纷研究、练习议论文与散文，这才是考试的敲门砖啊！

到了宋哲宗时期，虽然设立了专门的词科考试，但此词非彼词，主要是为了选拔政府公文写作的人才，题目乃是朝廷常用的公文写作，并非关于情情爱爱的宋词。

所以，在北宋初期，填词并不是显摆才华的最佳工具，柳永应该进献的是议论文或者诗赋，你给"文艺圈""政治圈"的老大进献"娱乐圈"的歌词，几个意思？

也许"命"不该绝。后来，范仲淹推行"庆历新政"，修改了官员的考核办法。柳永重新提交申请，朝廷根据他恪尽职守的从政业绩提拔他为著作佐郎，最后升为屯田员外郎。虽然官位不高，却也安慰了他长久以来破碎的心。

他死了以后，成千上万的歌伎每年自发前往墓地悼念，仪式感十足，人称"吊柳会"。

柳永写词为了生活，为了给歌伎们演唱，内容必须直白通俗，关于打情骂俏，否则肯定没市场。而有的人写词是为了好玩与风流，反正有钱又有闲，不在乎所谓的市场。

张先·大宋风流第一人

最美不过夕阳红

晚年的张先拿着大把的退休金,定居在人间天堂杭州,时不时到青楼享受一下被花丛包围的感觉。歌伎们争抢着让这位老先生填歌词,怜香惜玉的老张一一满足。

但是女粉丝太多,忙不过来,他把一个名叫龙靓的官妓忽略了。人家靓靓不干了,写来一首小诗,怪罪道:

天与群芳千样葩,独无颜色不堪夸。
牡丹芍药人题遍,自分身如鼓子花。

老师,我也要你的歌词。你可不能偏心。不然我会伤心的。
张先拍拍脑袋,哎呀,怎么把亲爱的小龙忘了?该打!该打!
他大笔一挥,赶紧回赠一首《望江南·(与龙靓·般涉调)》:

青楼宴,靓女荐瑶杯。一曲白云江月满,际天拖练夜潮来。人物误瑶台。
醺醺酒,拂拂上双腮。媚脸已非朱淡粉,香红全胜雪笼梅。标格外尘埃。

小美人，别嘟着嘴生气了。打扮一下，媚态自然来。

张先风流了一辈子，八十岁的时候还迎娶了十八岁的小妾，并为此得意扬扬地写下一首诗：

我年八十卿十八，卿是红颜我白发。
与卿颠倒本同庚，只隔中间一花甲。

我和老婆的年龄也不过差了六十岁嘛。

据说好朋友苏轼听到此事，立即作了一首诗歌开玩笑：

十八新娘八十郎，苍惨白发对红妆。
鸳鸯被里成双夜，一树梨花压海棠。

白色梨花比喻这位一大把年纪的老兄，红色海棠比喻青春靓丽的小妾。

这故事只是八卦传说，但张先的风流的的确确是真的。

宋朝的文人不像唐朝诗人那么辛苦，也没有明清文人那么压抑，因为他们赶上了一个好时代。张先又生活在宋朝蓬勃发展的时期，是当时响当当的大才子，风流也有足够的资本，才和财一样都不缺。

张先有位喜欢读书与写诗词的父亲，在父亲的影响下，他从小就勤奋好学，小小年纪就能写诗词与文章。因为家庭条件好，他不用像柳永那样为了应付市场需求而反复改动字词、调节韵律。他可以按照自己的喜好，把词玩得高雅而含蓄。他的词大多写心中事、眼中泪、意中人，人称他为"张三中"。但他更喜欢别人称他"张三影"，因为自认为三句词写得最好："云破月来花弄影""娇柔懒起、帘幕卷花影""柳径无人，堕絮飞无影"。

既然他把词写得这么好，自然就受到了主流文人的认可，其中就有大名鼎鼎的晏殊。

当年,四十岁的张先考中进士,主考官就是晏殊,两人成了师生。晏殊非常欣赏词风和自己接近的张先,一直关注这个比他大一岁的学生。

张先进士及第之后,在基层锻炼,干过知县、判官。

晏殊担任西安知州的时候,马上提拔张先做了通判(掌管粮运、家田、水利和诉讼等的地方长官),两人又成了同事,经常在一起聊天。

当时,晏殊得到一位美貌与才华兼具的歌伎,每次写好歌词,就让她演唱。时间一长,两个人日久生情,缠绵悱恻。

晏殊的正妻王夫人知道后眼睛冒火,一气之下要把歌伎赶走。

歌伎就这样带着泪水与委屈,被赶出了晏家门。没过多久,消失在了晏大人的记忆中。

晏殊不急张先急。

几次来到晏殊家里的张先都没看到熟悉的歌伎,一打听,知道事情原委的他,立马同情心泛滥。唉,一个弱女子在外如何生活呢?万一被人骗了怎么办?要是流落青楼怎么办?

这些话不能直说,那就写首《碧牡丹·晏同叔出姬》委婉地劝劝晏大人。

步帐摇红绮。晓月堕,沈烟砌。缓板香檀,唱彻伊家新制。怨入眉头,敛黛峰横翠。芭蕉寒,雨声碎。

镜华翳。闲照孤鸾戏。思量去时容易。钿盒瑶钗,至今冷落轻弃。望极蓝桥,但暮云千里。几重山,几重水。

下面我们采用咬文嚼字法来欣赏一下这首词。

一个姑娘被赶出了主人家,"堕"字表明速度之快,也能烘托这个姑娘的心情沉重,"砌"字很形象,烟雾犹如砖块砌起了你我之间的一堵墙。她紧锁的眉头仿佛两条小青峰,窗外芭蕉寒冷,雨声滴滴答答。这里为何不用雨声"滴"而用"碎"呢?滴,有节奏感;碎,没有节奏感。风一会儿吹过来,一会儿吹过去,雨随风而动,没有方向,又如同姑娘烦乱的心情,碎了一地。

房间里的镜子被人冷落,一只小鸟在窗外斜阳下唱着独角戏,画面看起来好孤独啊。她又回头看了看,化妆盒、装饰品冷冷地待在一旁,到现在都没人再碰,我打扮得再漂亮又能给谁看呢?远远望去,她看不到心爱的人,只有可恶的云朵。我和你之间隔了几重山几重水,唉,真的走了。

比起柳永的直白铺叙,张先的词更加典雅含蓄,婉转深情,所以打动了晏殊的心,引出了他的泪,让他想起了歌伎的优点与处境。

对啊,以后谁能唱出那么好听的歌呢?一个女人独自在外怎么生存呢?我是不是太无情了?

晏殊赶紧派人快马加鞭,找回了歌伎。

晚上的宴会上,他指着张先对歌伎说:"你能回来,多亏了他那首催人泪下的词,今天你就唱它吧!"

歌伎泪眼蒙眬,感激涕零,拨弄乐器,唱起了专门为她而写的《碧牡丹·晏同叔出姬》。

一旁的王夫人听完,也心动了。唉,男人不争气,女人又何苦为难女人呢!罢了,罢了,给你们自由和空间!

爱情是我的胶原蛋白

张先风流了一辈子,可不仅仅善于成全别人的好事,更善于成全自己的风流事。

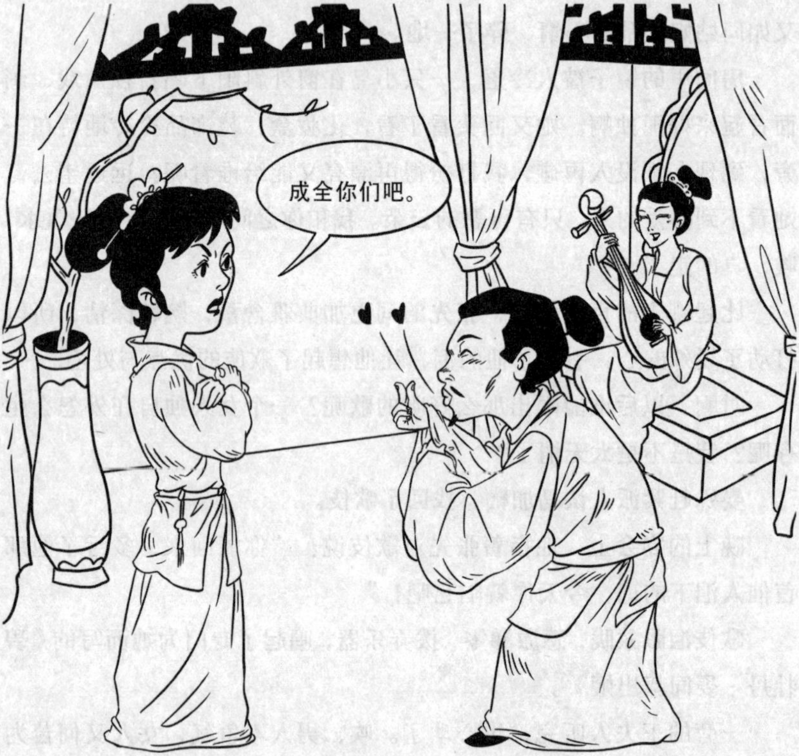
成全你们吧。

年轻时候的他,看上一位美丽的姑娘,两个人爱得死去活来,难分难舍。

可姑娘的家长不同意他们谈恋爱。

干柴烈火如何浇得灭?

望着姑娘家住的方向,张先暗暗发誓,就算是夺命岛,我也得闯一闯。

夜深人静,月光普照。姑娘打开窗户,托着双腮望圆月,哥哥,你在哪里?

我在这里。

啊?姑娘激动不已,你是专门为我而来吗?太傻了,路上好危险。

情场高手一把抱住对方,我不想错过天下最美的你。

姑娘的眼里荡漾着幸福的泪花,她愿意为了哥哥赴汤蹈火,他们在一起畅想未来。可美好的时间总是短暂的,如果被家长发现,两个人都会受到责罚,乘着夜黑,走吧!临别时分,张先写下《一丛花令·伤高怀远几时穷》,赠给心爱的女人,爱你一万年,生生世世不分离。

伤高怀远几时穷?无物似情浓。离愁正引千丝乱,更东陌、飞絮蒙蒙。嘶骑渐遥,征尘不断,何处认郎踪?

双鸳池沼水溶溶,南北小桡通。梯横画阁黄昏后,又还是、斜月帘栊。沉恨细思,不如桃杏,犹解嫁东风。

登高望远,我内心好痛苦啊,何时能够缓解?世界上还有比感情更浓烈的东西吗?我懒得看周边的景色,这讨厌的马队,弄得灰尘四起,飞絮乱舞,迷迷蒙蒙,让人什么都看不见,到哪里寻找心上人的行踪呢?

来到池塘边散心,我的天哪。成双的鸳鸯在欢快地戏水,船上的小情侣一对接一对,你们在这里秀恩爱,嘲笑我没有人陪吗?不想待在这里看你们成双成对。

黄昏时分，夕阳斜照，我实在坐不住了，走下阁楼，又看见一弯斜月。本小姐已经够凄惨的了，你个斜月还来凑什么热闹，嫌我不够烦吗？好好地挂在空中不好吗？偏偏斜在那里，坐没坐相，站没站相，不能大一点吗？不能亮一点吗？

唉。我恨自己，恨这一切，真不如做桃花和杏花，虽然嫁给了飘摇不定的风老爷，好歹也有个伴哪。它们总算能享受风吹起时片刻的自由吧？而我呢？只能待在这里郁闷到死吗？

最后一句活用了李贺的《南园十三首》中的"可怜日暮嫣香落，嫁与东风不用媒"。花朵嫁给了东风，随它而去。

张先站在女人的角度，生动形象地写出了爱情男女的相思之苦。

这个姑娘看着词，春心荡漾，哥哥写得太好了，爱你，爱死你了。

结果没几天，张先就喝了一杯忘情水，离开姑娘走了，留下这个姑娘独自伤心流泪。

而他却因为这首词名扬天下。

据说欧阳修看了这首词后，非常喜欢。后来张先退休前来拜访，欧阳修知道张先来了激动得鞋子都没穿好就赶紧跑出来迎接，并调侃道："哈哈，您不是那个'桃杏嫁东风'的郎中（张先退休时的职位）吗？"于是自此之后，张先又多了一个外号。

自从晏殊高升以后，张先也跟着升职。他享受着高工资，稳做地方官。最后，他以尚书都官郎中的身份退休，拿着中央级退休金，往来于杭州、吴兴之间，经常钓钓鱼，旅旅游。既有苏轼、蔡襄、梅尧臣这样的晚辈好友，又有歌伎、小妾等红颜知己，生活滋润，心态平稳，八十岁的年纪还自带二十岁的胶原蛋白。直到八十八岁，才依依不舍地离开了这个世界。

张先在宋词创作上最大的成就是把内容简单、篇幅较短的小令发展成了节奏缓慢、字数较多、难度较大的长调,如此一来,文人们可以尽情描写日常生活和男女恋爱的场景。

小令指篇幅比较短小的词,在五代时期特别流行,通常在五十八个字以内,词牌主要有《忆江南》《长相思》《采桑子》等;中调介于小令和长调之间,一般在五十九到九十个字之间,词牌有《破阵子》《蝶恋花》《一剪梅》《渔家傲》等;长调一般在九十一个字以上,比较容易抒发内心情感,词牌有《满江红》《念奴娇》《雨霖铃》《沁园春》等。

小令类似于散文,字数相对较少;长调类似于小说,字数上占优势,更能仔细刻画人物的心理。大家在听歌的时候,觉得小令太短了,听得不过瘾,要求加长乐曲。而且,文人歌颂一段历史,描写一个城市,或者叙述一场爱情,三言两语说不清楚,也不能充分展示自己的才华,于是他们想办法增加字数与句子,就有了长调。

虽然如此,在当时的人们眼里,流行音乐的格调仍旧不高。

柳永身份低微,为了市场而创作;张先官位不高,为了好玩而创作。他俩虽然成了宋词创作的霹雳先锋,但对正统"文艺圈"的影响力却不够,始终翻不起巨浪,依然提升不了词的品味与地位。

直到下面几位重量级人物尝试填词作曲,词才渐渐受到大家的重视。

偶像都填词了,我们还怕啥?

晏殊·我的歌词不需要大众市场

我，需要迎合市场吗

柳永因为写词得罪了皇帝，吏部官员不让他升迁，于是，他来到晏殊家里，苦苦哀求："大人帮帮我吧！"

当朝宰相兼文艺青年晏殊顿时来了兴致："你也喜欢写歌词？"

柳永嘴巴笑得如同刚刚绽放的荷花。"是啊，大人，我和您一样都喜欢写歌词呢。"

晏殊拿起对方的词看了看，嘴巴瘪了瘪，眼睛眨了眨，什么玩意儿，净是些淫词俗调。于是不屑地对柳永说："我虽然也写歌词，但绝不会写'针线闲拈伴伊坐'这样的词句。"

晏殊不以为然，他认为写爱情，并不一定要写情哥哥情妹妹，你缝衣服我看书。是不是也可以这样写？他挥笔写下《蝶恋花·槛菊愁烟兰泣露》：

槛菊愁烟兰泣露，罗幕轻寒，燕子双飞去。明月不谙离恨苦，斜光到晓穿朱户。

昨夜西风凋碧树，独上高楼，望尽天涯路。欲寄彩笺兼尺素，山长水阔知何处？

菊花在发愁，兰草在哭泣。丝罗的帷幕透着微微的寒风，一对恩爱的燕子飞过去。明月也不懂得离恨之苦，天快亮了，还照进我的窗户，纯粹不让我睡觉嘛。

昨天夜里，西风狂吹，绿叶凋零。我独自登上高楼，望到天边的尽头，也依然看不见心爱的人。想给他寄一封信（"彩笺兼尺素"指书信），山高路远，水阔江险，一片茫茫，我该寄到哪里去呢？

晏殊把内心的感情寄托在景物上，将相思之苦写得深沉又含蓄，不像柳永的"执手相看泪眼，竟无语凝噎"那样直白。

这首词虽然没有直写我想你，却处处蕴含着我想你，每个景物仿佛都带上了愁绪……

每个人的经历不一样，写词的风格自然不一样。柳永长期处于底层，与歌伎混在一起，写出来的词自然相对通俗一些，市场需求嘛。写的词卖不出去，歌唱不了，谁还会让"柳七叫"？

晏殊身处大宋朝最美好的时代，又一生富贵，衣食无忧，官运亨通，生活安逸。他根本不在乎青楼歌伎们的市场，也体会不到"针线闲拈伴伊坐"的温情。

所以他的诗词内容大多是富贵人家的闲情雅致、吃饱喝足的娱乐活动、男女离别的相思之苦。虽然浓妆艳抹却并不油腻粗俗，仿佛一位名流宴会上极有修养的贵妇人，光彩夺目，优雅含蓄。

两种词风各有所长，无关好坏。

晏殊出生在江南西路抚州临川县（今江西省进贤县），十四岁的他，就以神童身份考中科举。从汉代开始，就有童子科考试，类似于现在大学里的少年班，专门选拔天才儿童。宋朝规定，只要年龄在十五岁以下、能理解儒家经典和吟诗作赋的童子，地方官就可以推荐到朝廷，再由皇帝亲自考试。

晏殊不仅一路过关斩将，而且语出惊人，表现抢眼。看着熟悉的考题，这不是我平时刷过的题吗？赢得轻松，没意思。于是对宋真宗说道："这道题我已做过，为了公平起见，请您换个题目吧。"

宋真宗笑了，别人碰对了题，偷着乐还来不及呢。神童不仅神，还这么真，不错。根据考试成绩，皇帝赐晏殊同进士出身（因为不是正规的进士出身，属于智商超高，与进士同等待遇）。

天才嘛。就不用经过层层考试了，直接晋级，赶快进入朝廷做事。

宋真宗任命他为秘书正字（相当于皇家图书馆文字校对编辑）。当别的同事下班以后玩耍游乐，晏殊却在家里用功读书。

宋真宗知道后，大力点赞："小伙子挺有刻苦精神，别人追求享乐的时候，你却闭门读书，做太子的伴读小书童很合适。榜样的力量是无穷的嘛！"

晏殊却摇了摇头："我并非不喜欢出去玩，只是家里贫穷，玩不起啊。如果有钱，我也许不会躲在家里了，谁不想逍遥快活呢？"

嘿，够坦诚！

当年考试主动要求换题，还有作秀嫌疑，现在看来，这孩子真老实啊！从此宋真宗和宋仁宗对晏殊特别放心。

当晏殊担任同中书门下平章事（宰相）兼枢密使的时候，他的女婿富弼也担任枢密使。晏殊一想，不行啊，一家两个人把持军政大权，岂不引起别人的嫉妒与皇上的猜疑？于是上书请求，我家不能同时两个人干两个重量级部门的一把手啊。宋仁宗却不答应，放心大胆地干，你办事，朕放心。

拥有极高的智商与情商的晏殊，无论遇到什么样的困难，都能迅速抓住重点，分分钟搞定别人搞不定的事。皇帝离不开他，遇到纠结事，让人立请晏殊来。

宋真宗驾崩的时候，宋仁宗才十二岁，挤走前宰相的丁谓开始拉帮结派，想要趁新皇帝还是小孩的时候抓权。众位大臣一筹莫展，想

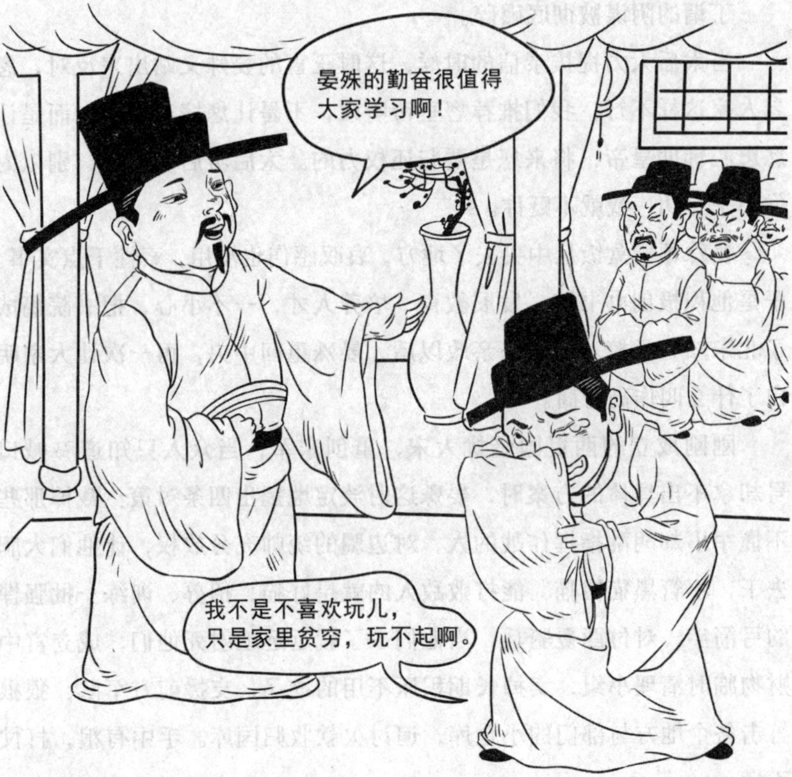
晏殊的勤奋很值得
大家学习啊！
我不是不喜欢玩儿，
只是家里贫穷，玩不起啊。

着丁谓心狠手辣，只手遮天，大宋还有明天吗？跟他对着干，我们还能在朝廷待下去吗？有什么好法子让他知难而退呢？

晏殊这时站出来，表情平静地说出一个妙招——让太后垂帘听政，帮助皇帝处理国家大事。此法一出，同样高智商的丁谓甘拜下风，你狠，皇帝年幼，太后不小。作为皇帝的奶奶，坐在一旁帮助孙子处理工作，谁会不服？我还有什么理由抓着权力不放？

丁谓的阴谋被彻底碾碎。

当太后大力提拔亲信的时候，这时正直的晏殊又站出来反对，您老人家这样不行，我们推荐您垂帘听政，不是让您培养势力，而是让您忠心辅助皇帝，将来您是要归还权力的。太后听后发怒了，别以为你小子有功，我就不贬你。

晏殊领着盒饭从中央去了地方，哀叹感伤也没用，索性干点实事。于是他积极创办书院，发展教育，培养人才，一不小心，把书院搞成了北宋知名学校。宋仁宗亲政以后，晏殊重回中央，再一次让大家明白了什么叫作高智商。

刚刚成立的西夏国骚扰大宋，重创宋军，当众人只知道喊喊口号却拿不出具体的方案时，晏殊这时淡定地提出四条对策：裁掉那些不懂军事却胡乱指挥作战的人，对边疆的统帅充分放权，让他们大胆去干，不管黑猫白猫，能打败敌人的就是好猫；招募、训练一批强悍的弓箭手，对付西夏骑兵，当他们来了就远远地射死他们；成立宫中财物临时清理小组，卖掉长期积压不用的物品，支援前方军队；狠狠打击各个地方与部门的小金库，追讨欠款收归国库。手中有粮，打仗不慌。

四条对策招招抓住要害，宋仁宗一一照办，又派得力干将范仲淹前往抗击西夏的前线，对他充分放权，让他做好支援。君臣团结一致，打得西夏乖乖求和。大宋有才子啊。算你狠，暂停进攻。

从此，晏殊一路升迁，最终官拜集贤殿大学士、同平章事兼枢密使，成为名副其实的宰相。

偶像"直播带货"的轰动效应

晏殊来自农村，却一生富贵，写了很多男欢女爱的歌词。但是随着年龄的增长，人容易想起过去的往事，于是晏殊将农村的生活写进了歌词，这就是《破阵子·燕子来时新社》：

燕子来时新社，梨花落后清明。池上碧苔三四点，叶底黄鹂一两声。日长飞絮轻。

巧笑东邻女伴，采桑径里逢迎。疑怪昨宵春梦好，元是今朝斗草赢。笑从双脸生。

《破阵子》是唐代的乐曲，为歌颂唐太宗讨伐四方的武功，为秦王破阵舞配的乐。从词牌的起源来说，辛弃疾的《破阵子·为陈同甫赋壮词以寄之》更符合原意。但是词牌并不完全跟内容相关，只要符合音律要求即可，内容无所谓。

比如这首词，内容就很特别。让人读完眼前一亮，原来歌词不仅仅只有恋爱，还有生动活泼的生活。

对这首词我们可以采用画面重组想象法和咬文嚼字法相结合来欣赏一番。首先选取一些关键词：燕子、梨花、碧苔、黄鹂、飞絮、桑叶、姑娘……这些词汇让人想到春天来了。

春暖花开，燕子飞回来，正赶上春天祭祀的好日子。"新社"也叫春社，古代祭祀土地神来祈求秋天丰收，时间在立春后、清明前。白色的梨花落去之后又迎来雨纷纷的清明。三四片碧绿的青苔在清澈的池水中荡漾，躺在树叶下的黄鹂偶尔叫上两声，轻柔的柳絮随风慢慢地飘舞。

"三四点"和"一两声"有什么妙处？"三四点"让人感觉青苔很可爱，符合初春时候的景色，青苔在水上让人看得很清楚，衬托出水很清澈。"一两声"让人仿佛看到黄鹂在太阳底下懒洋洋地躺着，不想动弹，只是偶尔很舒服地叫上一两声。如果将"三四点"换成"一片绿"，将"三四声"换成"时时声"呢，就完全没有了这种慵懒惬意的感觉。

词的上片用静景与声音写出春天的舒适，下片就出现活泼的人物了，老写景有点单调。根据下片的内容我们想象一下眼前的画面：与采桑归来的姑娘们迎面相遇，这不是漂亮的邻家女孩吗？她为何笑得如此灿烂？

"巧"字用得很妙，让人想到巧妙、心灵手巧、恰巧。如果把它换成"微笑""大笑"呢？让我们采用组词造句法想象一下：她跟我相遇，抿嘴偷着乐，笑得很巧，是不是可以感觉到她面部细微的表情，有点害羞，有点激动。不仅仅因为相遇而笑，她肯定遇到什么好事啦。是不是昨晚做了跟男朋友手拉手的美梦啊？女孩摇摇头，非也，非也。今天我参加斗草游戏赢了第一名呢。所以，脸上绽放出了开心的笑容。从这句词中我们仿佛清晰地看到了她俏皮的表情和灵动的眼睛。

斗草，也叫"斗百草"，是古代很流行的游戏，有武斗和文斗两种方式。武斗，就是采摘草本植物以后，两人各拿着自己的草，草茎交结相对，用力拉扯，类似手指拉钩的游戏。谁的草先断掉，谁就输了，所以很多人专门寻找韧劲强的草。也有人为了赢得游戏而作弊，唐朝安乐公主曾创造连续五日斗百草而不败的神话，后来大家才发现，她命人在草茎上沿着脉络偷偷粘上一根头发丝，别人轻易发现不了，有了"秘密武器"，她总能赢得比赛。

武斗之外还有文斗。文斗就是比赛谁采摘的花草种类多,然后聚在一起报花名,有点类似现在的成语接龙,用对仗的方式报出花名,谁接不上谁就输。比如有人说"红梅",你可以对"青萍";有人说"美人蕉",你可以对"君子兰";有人说"观音柳",你可以对"罗汉松";他说"春风桃李",你说"秋雨芭蕉"。

文斗游戏更能显示学识。所以,受到女孩和文人的普遍欢迎。

读完《破阵子·燕子来时新社》,让人有一种感觉:春天有美景,路上有美女,自己生活惬意,玩得开心。

诗词的魅力就在于从不高喊春天很美好、我们很幸福,而是用有趣、准确的文字描绘出一幅生动的画面,让我们从中感受人物的心情:是悲伤逆流成河,还是快乐浪漫?是刻骨铭心,还是开怀放达?

不知不觉,晏殊成了宋词创作的探索者、改革者、驱动者和引领者。

成了宰相以后,晏殊把重点工作放在了培养后备干部上,为朝廷发掘、提拔了范仲淹、欧阳修、韩琦、富弼等一大批人品与才能兼具的重量级人物,赢得了天下文人的敬重。不仅如此,他还大力发展免费的公立教育制度,让贫寒子弟也能上得起学,读得了书,能跟富二代、官二代们站在同一条起跑线上。

人品好、智商高、惜人才、重教育的晏殊,成了天下文人们心中理想的领导与楷模。他的一举一动、一言一行自然引得大家争相模仿。我们人生的终极偶像喜欢写词,看来词这种东西并非只是低级趣味嘛。

宰相大人写得典雅华丽,我们也可以写写看。一直不被主流文人看好和重视的词渐渐流行开来,内容不仅仅局限于街头巷尾的情和爱,还有远方的理想与抱负。

偶像的示范效应极为强大,好比现在的名人直播带货。他们一开口,产品能卖疯。

在他的影响下,一些重量级文人也陆陆续续开始填词。

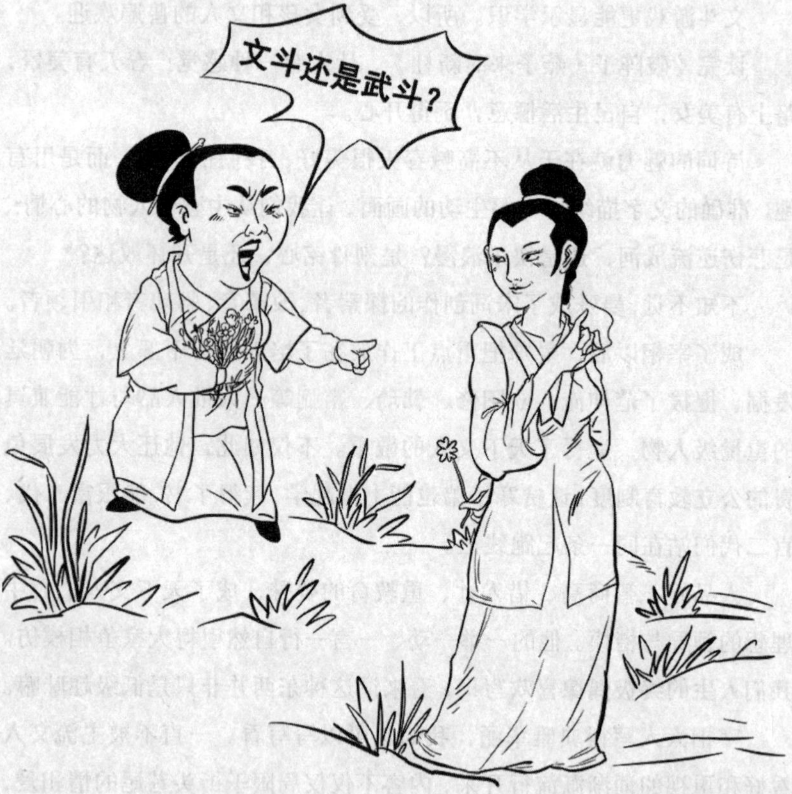
文斗还是武斗？

范仲淹·谁说文人手无缚鸡之力

战争，哪有那么浪漫

北宋宝元元年（1038年），不甘心做宋朝小弟的西北党项族首领李元昊突然称帝，建立西夏国，他一路上高歌猛进，大张旗鼓地率兵进犯宋朝边境。

宋仁宗知道后急了，觉得丢人丢到家了。欺负我大宋没人？找能人去修理修理他们！

找谁呢？宋仁宗想起了"刺头"范仲淹。

景祐三年（1036年），在基层摸爬滚打多年、又在苏州兴修水利有功的范仲淹被调往京城。年轻的他一上任，就大力整顿官僚队伍，让不干实事的滑头统统离开。他誓与懒政、贪污等现象斗争到底。眼睛里容不得沙子的范仲淹看不惯当朝宰相吕夷简开后门、滥用亲信的行为，于是暗自调查取证，绘制了一张《百官图》，详细罗列了官员们升迁贬黜的情况，并进献给了宋仁宗，猛烈炮轰宰相的选人、用人制度。

但是，吕夷简老谋深算，技高一筹，让宋仁宗觉得范仲淹进献《百官图》超出了自己的工作范围，不在其位就别谋其政，懂不懂？

范仲淹拿着"蛊惑君主"的荣誉称号，去了饶州（今江西省鄱阳县），干知州。

居庙堂之高,有些事我得批评你呀。

处江湖之远,我也不能忘了批评你呀。

后来，等到宰相吕夷简退休回了老家，朝廷里让范仲淹回归的呼声越来越高，宋仁宗顺水推舟，让范仲淹担任抗击西夏的前线总指挥。

老范一到，西夏乱套！

他来到西北，大刀阔斧地改革军队体制，提拔了狄青、种世衡、郭逵、张亢、王信等一大批年轻人。在管理他们的时候，他注意因材施教，他发现勇猛胆大的小将狄青不善于研究前人战法，就让他读《左传》，结果把他培养成了一代名将。

有了老范，敌人心塞。

成功击败西夏几次后，范仲淹在哪里，西夏就避开哪里。西夏人再也不敢踏进大宋国土，只能时不时摸着受伤的心灵感叹："那老家伙抵得上十万雄兵哪！"

于是，边境地区和少数民族地区的百姓们把他当作神一样供奉，每家每户都挂着他的画像。

文武双全的范仲淹成了全民偶像。

但是战争并不浪漫，总会给敌我双方的士兵与百姓带来无限的痛苦与悲伤，只有身处其中的人才能切实感受到战争的残酷。有感于西北边疆战士们的艰苦生活，范仲淹写下了几首关于边塞生活的词。比如《苏幕遮·怀旧》：

碧云天，黄叶地，秋色连波，波上寒烟翠。山映斜阳天接水，芳草无情，更在斜阳外。

黯乡魂，追旅思，夜夜除非，好梦留人睡。明月楼高休独倚，酒入愁肠，化作相思泪。

这首词可以采用画面重组想象法想象歌词的内容。

碧蓝的天空下，黄色的落叶铺满大地，秋景连着水波，波上笼罩着寒冷的烟雾,让人分不清远处翠绿而苍茫的是雾色还是水波。斜阳照着群山,蓝天连着碧水。芳草这个家伙,也挺无情的,它不知道我在眺望远方的人吗?一直连绵到夕阳都照不到的天边,把我的视线挡住了。在这里,看不到天地的边际,看不到前方,看不到人影,站在苍茫的天地里,一个小小的我,很孤独。

思乡的情绪追赶着我,旅客的愁绪难以排解。"追"换成"有"或"生",有什么不同?可以用组词造句法想象一下。"追"让人想到追赶、追着、追打,思乡的愁绪想甩都甩不掉,形象而富有动感。换成"有"或"生"就没有这样的表现力。除非每天晚上做好梦,否则我怎么也睡不着啊。皎洁的月亮悬挂在天上,我走上高楼,独自倚靠在栏杆旁,苦酒不断地灌入愁肠,内心的痛苦悲伤化作相思的眼泪。

范仲淹写思念,跟张先、晏殊、柳永的风格不太相同,内容不再局限于街头巷尾的情爱,而是字里行间有了纯爷们的气概,让人觉得有点唐朝边塞诗的味道。比如那首著名的《渔家傲·秋思》:

塞下秋来风景异,衡阳雁去无留意。四面边声连角起,千嶂里,长烟落日孤城闭。

浊酒一杯家万里,燕然未勒归无计。羌管悠悠霜满地,人不寐,将军白发征夫泪。

可以采用画面重组想象法分析,从"塞下秋来、连角、千嶂、落日孤城、悠悠羌管、满地霜、征夫泪"等词可以想到广阔无垠的西北边塞。

黄昏时分,号角响起,暮色中孤城紧闭。我的家乡怎么样了?我的亲人怎么样了?孩子还好吗?老婆辛苦吗?爸妈身体健康吗?思念家人的时刻,又传来远方低沉的羌笛声。我睡不着啊,睡不着。翻来覆去、辗转反侧之中，将军白了头，士兵落了泪。

唉，战争哪有那么浪漫？

这首词画面宏大，感情深沉，为宋朝词人提供了新的借鉴：原来词还可以这样写。

多年在外征战，胸中有百万雄兵的前线大将写的词自然和有漂亮女子相伴的张先、坐在家中享受的晏殊不一样，苍凉广阔的景色中蕴含了他对天下百姓们的爱，深沉哀怨的相思中融入了他保家卫国的热情。

范仲淹不仅军事谋略过人，还善于治国。词在他的手里，变得丰满深沉。

全民偶像种下了豪放派的苗

庆历三年（1043年），劳苦功高的范仲淹带着光环昂首阔步地回到了朝廷，升任枢密副使，后又担任参知政事（相当于副宰相）。

这一年，政治手腕日渐成熟的宋仁宗为自己配备了超豪华的团队：担任谏官、议论时政的欧阳修、蔡襄、王素、余靖；担任枢密使的杜衍；担任参知政事的范仲淹；担任枢密副使的富弼、韩琦。他们这些人大多处于易冲动的年纪，干劲十足，平均年龄才四十岁，杜衍虽然六十五岁了，但他始终和这些年轻人站在同一条阵线。

外有敌国虎视眈眈，内有百姓动荡不安，宋仁宗感觉很忧虑，他下令大臣们"知无不言，言无不尽"，大家都来说说，我们到底怎么了？问题出在了哪里呢？

面对励精图治的宋仁宗，范仲淹、富弼等人写下了《答手诏条陈十事》，提出了一系列改革方案。宋仁宗看着"十事"，心里既激动又担忧，终于可以放开手脚大干一场了。但是尺度是不是大了点？管他呢。既然想干，那就干！宋仁宗大力推行改革，史称"庆历新政"。

范仲淹在皇帝的支持下，以壮士断腕的精神向懒政与低效开刀，采用严格的绩效考核办法督促官员干实事。他经常拿着各级官员的名册，一个个地反复核对检查，发现不称职的官员就在他们的名字上面画个勾，让他们下岗待就业，空出的位置给有能力、有干劲的人来做。同事富弼劝他："你老人家用笔轻松一勾，他们一家人就要痛哭流涕了。"范仲淹却说道："他一家人哭，总比千千万万的百姓哭要好吧？"

对不作为官员的仁慈就是对百姓的残忍。

随着改革的深入，越来越多凭关系进入官府、混吃等死、论资排辈的人被揪了出来，"光荣"下岗待就业。这些人干事不行，造谣却很在行。他们一边对改革派进行舆论战制造谣言，一边躲在暗处观察、寻找改革派的失误与缺点。很快流言蜚语满天飞，让范仲淹两眼一抹黑。

范仲淹受不了了。干点实事真难啊！三人能成虎，十人能成精。再这样下去，自己还不成为商鞅第二，被五马分尸？

走吧，走吧，不要给仁慈的皇帝添麻烦了，其实他夹在中间最辛苦。

于是，富弼、范仲淹二人提出辞职，请把我们弄走吧。不干了，太累了。

宋仁宗并不是多疑的昏君，不会相信那些看似很真的谣言。可是随着造谣越来越多，他也不得不考虑平息反对派们的怒气，不得不想办法保护自己的爱将们。万一他们哪个被人抓住点小尾巴，岂不损害新政的推行？岂不打击为国为民者的信心？

恰好边境战乱又起，契丹想要攻打党项部落。范仲淹担心契丹声东击西，目标在大宋，于是请求去前线阵地巡边。

想要保护改革派的宋仁宗答应了，任命范仲淹为陕西、河东宣抚使，富弼为河北宣抚使，后来又任命欧阳修为河北都转运按察使。

离开京城的前一天晚上,范仲淹跟欧阳修喝酒聊天,相互唱和,各写下了一首词。

此刻的范仲淹心中涌起无限感慨,为了官位,他大可以对官场上的事睁一只眼闭一只眼,稳稳地高升。我为天下勤恳做事,谁又能理解?人生在世,也就那么几十年,干吗斗来斗去?

一首《剔银灯·与欧阳公席上分题》反映了此时的心境:

昨夜因看蜀志,笑曹操孙权刘备。用尽机关,徒劳心力,只得三分天地。屈指细寻思,争如共、刘伶一醉?

人世都无百岁。少痴骏、老成尪悴。只有中间,些子少年,忍把浮名牵系?一品与千金,问白发、如何回避?

从"徒劳心力、忍把浮名牵系、白发"等词来看,有点英雄暮年、壮志难酬的感叹。

昨天我读《三国志》,笑曹操、孙权、刘备机关算尽,费心费力,最后却只能三分天下。仔细一想,与其这样劳心劳力,还不如学竹林七贤里的刘伶(喜欢喝酒的隐士),喝他个痛痛快快。古往今来,有几个人活到一百岁?

"尪悴"指衰老憔悴。年少的时候什么都不懂,年老的时候什么都做不了。只有中间的那几年,能好好享受人生,怎忍心用来追名逐利呢?就算官居一品,赚取千金,又如何躲过衰弱的老年呢?

不过牢骚归牢骚,范仲淹终究是个闲不住的人,即便屡次被打压,也熄灭不了他干事的热情。他一辈子都在积极推动地方政府建造公立学校,让学生不仅能学习儒家经典,还能学习算术、医药、军事等技能,注重让他们德智体美劳全面发展。学生即使将来考不中进士,大家的素质也会提高,社会的风气也能随之好转。

宋朝教育的普及与文化的繁荣跟范仲淹有很大的关系。

因为小时候生活条件苦,他深知平民百姓读书不易,如果不发展教育,底层人就会失去读书和翻身的机会。他曾经在苏州买过一块土地,有个风水先生看了以后,连声说这个地方风水好,以后肯定世代出大官。范仲淹想,既然这样,不能让它只兴旺我一家啊。

于是范仲淹把这块土地无偿捐出,建立了一所学校。

学问过硬、文武双全、关心百姓、重视教育、自身又是底层逆袭的典范。哪个文人会不尊敬他呢?哪个百姓会不喜欢他呢?有个叫彭几的文人把范仲淹的画像挂在家里,每天都要一拜再拜,拜完又仰望画像,拿着镜子照来照去,最后满意地点点头,说道:"我跟范公居然长得像,哈哈,哈哈。有奇才的人必然有奇形啊。我不也是那个奇才吗?"

文人们对范仲淹的崇拜竟然达到了这种程度,如果他也写词,必然改变大家对词的偏见。在他为数不多的词作之中,大家看到了另外一种写法:意境宏阔,气势豪迈,苍凉刚劲。

豪放派从他这里开始发芽。

北宋改革科举制度以后,公平公正而又完善有效的考试制度选拔出了范仲淹等一大批优秀的人才。他们创作出来的词自然比依附歌楼妓院的文人更加高雅含蓄。其中一位文坛领袖又将宋词带入了更高的境界。

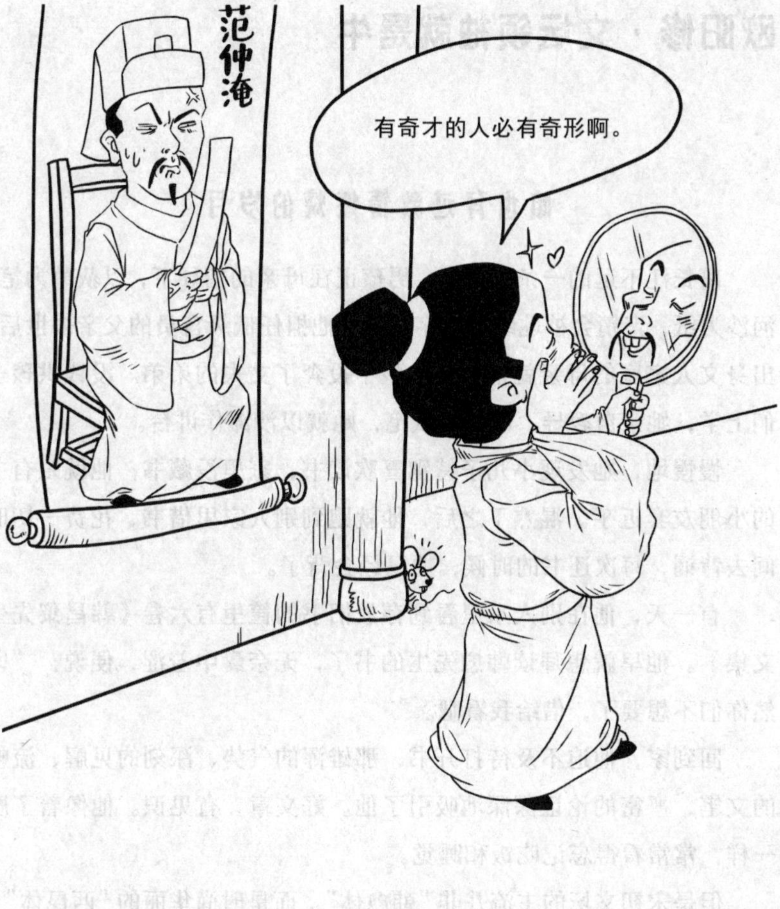
范仲淹
有奇才的人必有奇形啊。

欧阳修·文坛领袖就是牛

咱也有过激情燃烧的岁月

离长江不远的一条小河旁,男孩正在母亲的指导下,以荻草为笔、河沙为纸,聚精会神地练习写字。自从他担任低级官员的父亲去世后,出身文人家庭的母亲就带着三个孩子投奔了丈夫的弟弟。没钱供孩子们上学,她亲自教导,没钱买纸笔,她就以沙滩作讲台。

慢慢地,她发现小儿子特别喜欢读书,家里没藏书,他就跟有书的小朋友套近乎。混熟了之后,他就跑到别人家里借书,花费一切时间去背诵,每次还书的时候,他已经会背了。

有一天,他在别人家里看到存放旧书的筐里有六卷《韩昌黎先生文集》。他早就想拜读韩愈先生的书了,无奈囊中羞涩,便说:"既然你们不想要了,借给我看吧。"

回到家,他迫不及待打开书,那雄浑的气势、深刻的见解、流畅的文笔、严密的论证深深地吸引了他。好文章,有见识。他像着了魔一样,常常看得忘记吃饭和睡觉。

但是宋初文坛的主流并非"韩愈体",而是时尚华丽的"西昆体"。宋朝初年,杨亿、刘筠、钱惟演等十几位文人官员常常聚在一起饮酒聊天,仿照唐朝李商隐、温庭筠等人的风格写诗作赋。唐朝时被韩愈、柳宗元领导的古文运动压制下去的形式主义骈文又重新抬头,"刻意追求高大上"的词渐渐占据主流市场,最终越写越多,编辑成册,成了《西昆酬唱集》。当时朝廷的公文、奏章也盛行讲究形式与对偶的文风,看似含蓄典雅、形式工整、音律和谐,实则内容空洞。

可谁让人家是成功人士、朝廷高官呢?他们的词就是流行时尚,他们代表了"高大上",并影响了科举考试的文风。

宋朝初期,进士科考试的内容跟唐朝相似,第一场考诗赋,就是根据题目与韵脚创作几首诗赋;第二场试论,就是命题的议论文;第三场试策,考生就时事政治,发表见解看法与解决方案;第四场试经义(贴经和墨义的合称),就是填空题与简答题,默写和阐释儒家典籍的词句。采用逐场定去留的方式。诗赋写不好,后面别想考。诗赋依然是文人们学习的重点。

一时间,想要高分,必先"西昆"。天下文人纷纷效仿,写诗赋时追求形式,忽视内涵,并以此为荣,让诗歌与文章渐渐失去了灵魂。

刻苦学习韩愈文章的男孩长大了,他成了科举考场上的异类,别人"西昆体",他却"韩愈范儿"。结果,连续参加两次科举,都是他"轻轻地走了,正如他轻轻地来"。

沮丧、失落,怎么办?

改变不了大环境,就改变自己吧!再牛也得吃饭啊!于是他掉转船头,集中精力研究"时文""范文"。顶级学霸学什么都快,何况是形式主义的对偶句。想要怎么"高大上"就可以怎么"高大上"。为了打出名气,他带着一篇新写的"时文"《上胥学士偃启》去拜访文坛大家、朝廷高官胥偃。

胥偃读着文章,拍手称快,这小伙子,以后肯定有出息!做我徒弟吧。等等,干脆好事成双,也做我女婿吧,如何?

就这样,年轻人被预定了。

有了大师的指点,他在乡试、省试中连获两个第一名,顿时信心大增，看来这是要火的节奏啊！状元舍我其谁！

于是他特意做了一套新衣服，准备参加即将到来的殿试——考中状元就穿上新衣，摆好姿势，聆听成千上万人的尖叫。

一天晚上，他的同学王拱辰开玩笑地说："状元兄，衣服借我试试？"故意穿上他的新衣服，"哈哈。我穿状元的袍子啦。"考试结果极为讽刺，他没考中状元，王拱辰却中了。

好梦一日游，睡醒皱眉头。

但他也获得了甲科进士的好名次。不久之后胥偃就让他跟自己的女儿完了婚。

金榜题名时，洞房花烛夜。

小镇青年欧阳修从此走上了人生巅峰。

与恩师胥偃的女儿完婚之后，欧阳修就来到西京（今河南省洛阳市）担任留守推官，留守司是中国宋朝到明朝在陪都设置的官署，宋朝的陪都在洛阳。在这里，他度过了人生中最幸福的时光，还遇到了领导兼恩师的西京留守钱惟演。

身为贵族的钱惟演特别喜欢读书，他常常坐着读经书（先秦百家著作）、史书，躺着读各种杂记，上厕所的时候读文学作品，不论何时何地，他都与书同在。近朱者赤。欧阳修也把时间用在了读书上，他在马上、枕上、厕上读书，由此引出了成语"三上作文"。

钱惟演虽然是西昆派的领袖，却并不强制属下写西昆体文章，而是给他们自由发展的空间和无微不至的关怀。

有一天，欧阳修和几个同事在登山的时候遇到大雪，只能坐在亭子下欣赏雪景。不一会儿，大家饿得肚子咕咕叫，顿时没了闲情逸致。忽然，他们看到有人冒雪前来，还带着厨师和歌伎。原来是钱惟演发话了："大家辛苦了，你们可以在山上多待会儿，一边赏景，一边吃饭，工作上的事情不用操心，有我在，慢慢玩。"

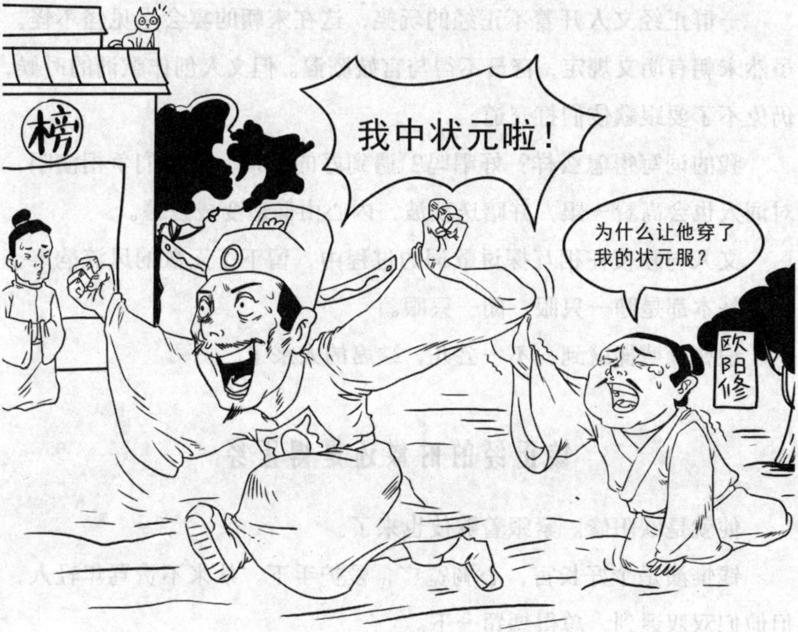
榜
我中状元啦！
为什么让他穿了我的状元服？
欧阳修

遇到了一个好领导，该是一件多么幸福的事儿。

一天，钱惟演举办宴会，有一个属下没及时到，大家议论纷纷。

"嘿，这个家伙怎么还没来？他在干吗？"

"肯定在跟美人幽会呢。瞧见没，那位最靓丽的歌伎也没来。哈哈。"

"吃完饭再约会不行吗！"

一群正经文人开着不正经的玩笑，这在宋朝的宴会上见怪不怪。虽然宋朝有明文规定，官员不得与官妓厮混。但文人创作歌词的时候，仍免不了要跟歌伎们打交道。

我的词写得怎么样？好唱吗？遇到好的歌词，歌伎们争相演唱，对词人也会高看一眼，并暗送秋波，内心由仰慕变成爱慕。

文人与歌伎在相互探讨歌词的过程中，留下了无数的风流韵事。大家基本都是睁一只眼，闭一只眼。

说曹操曹操就到，不一会儿，缺席的人来了。

该正经的时候还是得正经

他就是欧阳修。紧跟着歌伎也来了。

钱惟演是个好长官，心胸宽广，爱护手下，从来不责骂年轻人，但他们双双迟到，总得惩罚一下。

他故意质问歌伎："你为什么迟到啊？之前我赏给你的金钗呢？"

"嗯？我的金钗？睡了个午觉，头上的金钗就掉了。找来找去都没找到，所以耽误了时间。"

钱惟演乐呵呵地看着两人："本官赏你的东西都能丢？该当何罪？不过，如果你能让他写首词唱出来，我就再赏你一支金钗。"

老钱一箭三雕：当众小作惩戒，逼才子写词，让歌伎唱歌。

看看你们可有胆子承认，可有才华应对？

欧阳修明白了，老钱火眼金睛，在给自己台阶下，写首词嘛，有何难？

一首《临江仙·柳外轻雷池上雨》瞬间完成：

柳外轻雷池上雨，雨声滴碎荷声。小楼西角断虹明。阑干倚处，待得月华生。

燕子飞来窥画栋，玉钩垂下帘旌。凉波不动簟纹平。水精双枕，傍有堕钗横。

柳树林外传来轻轻的雷鸣，池塘上淅淅沥沥的雨滴在荷叶上发出细碎之声。这里的"碎"字用得恰到好处，改成"落"或"下"字，效果完全不一样，"碎"让人想到碎开、碎裂，雨落到荷叶碎裂迸开的声音。不久之后，小雨初停，楼外西角隐约出现了一道彩虹。我们二人倚靠着栏杆，真想就这样拥抱着，等待月亮升起。

燕子飞回门前，从门缝里看看房间里在干什么？嘿，你这讨厌的燕子，不让你看，我从钩子上放下门帘。床上竹席已经铺好，纹路清晰，好比清凉的湖水波纹。床头放着一对水晶枕头。她含羞地望着我，把金钗拿下来，横放在枕头边。

读完新词，小伙伴们都惊呆了。

钱惟演高兴地拍了拍大腿，又得到一首好歌词，于是转头对歌伎说："唱完歌，本官再赏你一支金钗。"

"妙！妙！老兄，厉害，厉害。"大家哈哈大笑，话里有话。

词中将男欢女爱表达得刚刚好，多一分则过，少一分则淡，卿卿我我之中多了些许的娇羞与含蓄。

在洛阳任职期满以后，欧阳修升任馆阁校勘（相当于历史编辑，这个出版社有点牛，是皇家出版社，天下独此一家），主要参与编修

《崇文总目》。临走前,他想起洛阳神仙般的生活,写下了《玉楼春·尊前拟把归期说》:

尊前拟把归期说,欲语春容先惨咽。人生自是有情痴,此恨不关风与月。

离歌且莫翻新阕,一曲能教肠寸结。直须看尽洛城花,始共春风容易别。

《玉楼春》也叫《木兰花》《惜春容》。

举起酒杯,约定归期,我会回来看你们的。我想说些什么,执手相看泪眼,只能无语低咽,春风也在哭泣。再会了,朋友们。在临别的酒宴上,不要再唱歌了,一首弹唱出来,我的肠子都要断了啊。今天让我们一起携手看遍洛阳城的牡丹花,减少一些离别的伤感,轻轻地我走了,留下对这里美好的回忆与思念,我们总有一天还能够再相聚。

这里"尽"字用得好,让人想到尽情、尽兴,想和朋友们把美好的记忆全部留下来。

这首词的内容不再是哭哭啼啼、缠绵悱恻的了,欧阳修的词有了一些微妙的变化,没有了《临江仙·柳外轻雷池上雨》里的胡闹与轻浮。

来到京城,欧阳修与范仲淹等人一起,掀起了一场惊天动地的改革,向北宋的贫富差距大、官僚体制开刀。结果遭到反对势力的阻挠,"庆历新政"昙花一现,改革派纷纷被贬。

被贬到滁州的欧阳修心灰意懒,在巨石面前,微风又能起到什么作用?既然无法实现理想,那就做个旅游达人吧。

他在滁州担任太守时,将生活玩出了新花样。每年夏天,他带着大家到郊外荷花塘,采摘很多荷花,插到盆中。让歌伎取荷花相传,传到谁,谁就摘掉一片花瓣。摘到最后一片的人,必须饮酒一杯。摘完一朵继续下一朵。

花酒喝出了诗意,生活玩出了惬意。

欧阳修辗转各地做官,到了扬州、颍州、南京等地,岁月在他身上注入了成熟之气,也留下了沧桑的外表。

眼疾、白头、疼痛……让他明白风烛残年百病生。

母亲郑氏与好友尹洙、范仲淹、苏舜钦等人的相继去世也让他体会到孤独、寂寞与寒冷。

故人越来越少,新人越来越多,该是给年轻人让道的时候了。

宋仁宗看着当年意气风发的欧阳修竟变得犹如枯藤老树,感慨万千,于是提拔欧阳修为翰林学士、集贤殿修撰。

位高权重的欧阳修并没有独自享乐,也没有忘记落魄的好友,他立刻推荐梅尧臣担任国子监直讲,又举荐了王安石、包拯、吕公著等一批有才干的年轻人。他要尽快为国家培养更多的接班人。

嘉祐二年(1057年),宋仁宗又任命欧阳修担任科举主考官,主持礼部贡举。这一次,欧阳修要按照自己的文学改革主张,为国家选拔更多的人才,弥补"庆历新政"的遗憾。

文坛老大的小清新

当时社会上流行一种拥有众多粉丝的文学派别——"太学体",乃是"西昆体"的加强版和剪辑版。喜欢太学体的人专门用生僻字词写文章,刻意追求古典和创新,好比现在有的学生在作文中使用大量网络用语让批卷老师一头雾水。大家觉得越生僻怪异,越能自我陶醉,证明自己知识丰富。

担任主考官的欧阳修决定跟旧文风杠一杠。

批卷子的时候，他看到一份试卷开头写着"天地轧，万物茁，圣人发"感觉好搞笑，明明写天地交合，万物产生，然后圣人就出来了，你老人家偏偏追求古怪字眼并胡乱搭配，让人一头雾水。于是他大笔一挥，我也调侃调侃你："秀才剌，试官刷。"你学问不行，我就把你刷掉了。

早就厌烦这种文风的欧阳修作出了一个大胆的决定：只要在考试中写"险怪奇涩之文"的人，一个不录取。这个决定让不少人想不开投河自尽。

结果引起了一场学生运动，让欧阳修差点丢了老命。

大批落榜的文人愤怒了，砸我们的饭碗？走，我们一起去痛扁欧阳老儿！喊打喊杀声此起彼伏，冲动起来的年轻人如同洪水猛兽，街上负责保卫的士兵挡都挡不住。有人写匿名信状告欧阳修，说他徇私舞弊。

宋仁宗听后头都炸了，镇压？他们也没造反哪。顶多算非暴力不合作运动。拘留？会不会引起连锁反应？找替死鬼？不符合我仁慈的作风。老欧也没错啊。最后宋仁宗决定给每个考生发一颗硬糖："凡与殿试者始免黜落。"大家不要闹事，只要参加殿试的人，都能进入体制内。

整个世界安静了，吃人家的嘴短，拿人家的手软，闹来闹去，不就图个公务员编制嘛！

除去那些闹事的人，先前由欧阳修录取的人才，个个名垂千古。这次考试也成了千年科举史上最闪亮的一次。被他亲自录取的考生中，苏轼、苏辙、曾巩、曾布、吕惠卿、章惇、张载、王韶、程颢、程颐十人，成了文学、哲学、军事、政治领域最尖端的人才。其中的"苏轼、苏辙，曾巩"在"唐宋八大家"中独占三家。理学宗师就占两个：程颢、程颐。除了他们，还有一大批学识渊博、品学兼优的文人在这

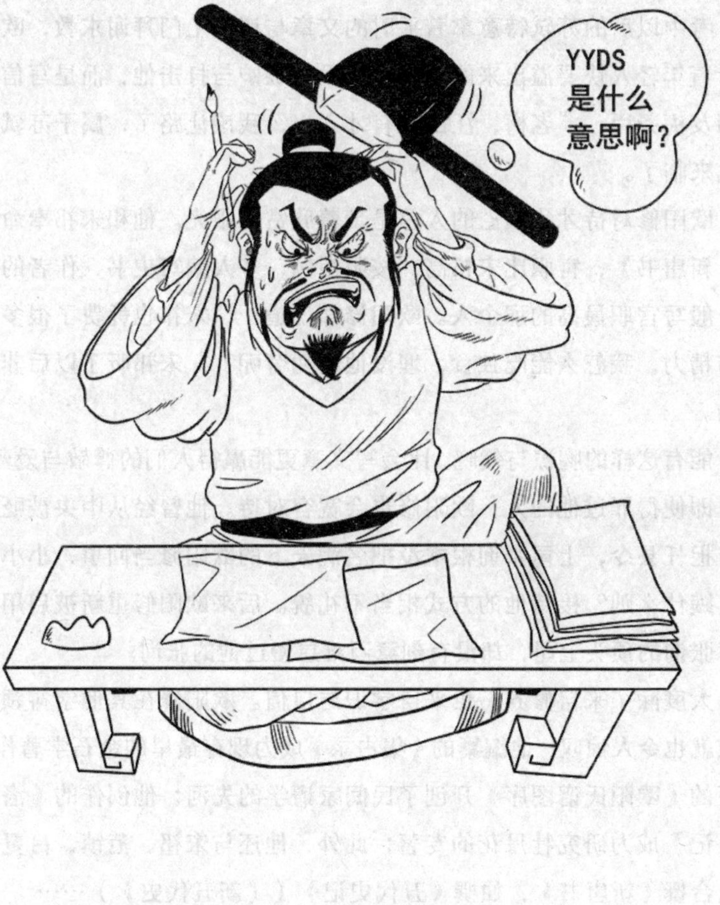
YYDS
是什么
意思啊？

次考试中脱颖而出。

欧阳修能够按照客观的标准选出一大批真正有本事的人,除了他眼光独到,还得益于科举制度的完善。此时的科举制度采用了糊名、誊录和锁院制度,让考试的公平性大大提高,一大批寒门子弟得以脱颖而出。

考中以后的苏轼特意拿着平时的文章与诗词上门拜谢求教,欧阳修看着年轻人快要溢出来的才华,并没有嫉妒与打击他,而是写信给好朋友梅尧臣:"老梅,江山代有才人出,我该让路了,属于苏轼的时代来临了。"

欧阳修对待才华横溢的人总是带着欣赏的眼光。他和宋祁奉命编修《新唐书》,官职比宋祁高,按照惯例,多人编写史书,作者的名字一般写官职最高的那个人。欧阳修却说道:"宋祁也耗费了很多时间与精力,我怎么能吃独食,埋没他的功劳呢?"宋祁听了以后非常感动。

能有这样的胸襟与气魄,比会写文章更能赢得人们的尊敬与爱戴。

即使得罪过他的人,欧阳修也会宽容对待。他曾经从中央被贬到地方担任县令,上司张询根本没把名满天下的欧阳修当回事,小小县令,跩什么跩?接待他的方式相当不礼貌。后来欧阳修重新被启用,成了张询的顶头上司,却没有刻意刁难怠慢过他的张询。

大度除了来自修养,也来自学识与自信。欧阳修在其他学科领域的成就也令人惊叹:他编纂的《集古录》成为现存最早的金石学著作;他写的《欧阳氏谱图序》开创了民间家谱学的先河;他创作的《洛阳牡丹记》成为研究牡丹花的专著;此外,他还与宋祁、范镇、吕夏卿等人合撰《新唐书》,独撰《五代史记》(《新五代史》)……

从不停止学习与研究的步伐,他又怎么可能担心别人超越他?

可是,随着年龄越来越大,他的身体已经超过了他的承受能力,岁月让他迅速衰老，琐事让他特别心烦。到了退休养老的时候了，不能总霸占着编制啊。

晚年的欧阳修远离政治，隐居颍州（今安徽省阜阳市）西湖畔享受人生、专心创作。十首《采桑子》乃是这一时期的顶级代表作，内容已经脱离了情和爱，为宋词又指引了新的方向。

（第一首）
轻舟短棹西湖好，绿水逶迤，芳草长堤，隐隐笙歌处处随。
无风水面琉璃滑，不觉船移，微动涟漪，惊起沙禽掠岸飞。

（第七首）
荷花开后西湖好，载酒来时。不用旌旗，前后红幢绿盖随。
画船撑入花深处，香泛金卮。烟雨微微，一片笙歌醉里归。

（第九首）
残霞夕照西湖好，花坞苹汀，十顷波平，野岸无人舟自横。
西南月上浮云散，轩槛凉生。莲芰香清，水面风来酒面醒。

碧绿的湖水广阔无垠，芳香的花草在长堤绽放。我乘着小船、哼着小曲，漂进荷花深处，惊得一大片水鸟扑扑飞起。

细浪荡漾，香气沁鼻，在微风细雨中，我喝上一口小酒，在一片歌声中快乐归去。

如果不想回去，就躺在小舟之上，随意漂荡，闻着莲花香，睡到自然醒。

《采桑子》系列褪去了之前词中的胭脂水粉气，融入了清新自然风，使词的境界更上一层楼。

欧阳修因为提拔鼓励了很多有名的文人，又发起文风改革运动，当之无愧地成为北宋文坛的老大。他把词从原来单纯的艳词拓展到写景、咏史、抒情上来，使词的内容含蓄深情又清新，典雅优美不粗俗。

老大的一举一动备受关注，文人们模仿偶像，你写，我也写，大家都来写，词渐渐地被主流文人们接受与认可。甚至连下面两位地位极其高的大人物也填过歌词。

王安石和司马光·台上吐口水,台下心相随

在说司马光和王安石的故事之前,我们先来看两首词,猜猜相对应的是谁的作品。

第一首《菩萨蛮·数间茅屋闲临水》:

数间茅屋闲临水,窄衫短帽垂杨里。花是去年红,吹开一夜风。梢梢新月偃,午醉醒来晚。何物最关情,黄鹂三两声。

第二首《阮郎归·渔舟容易入春山》:

渔舟容易入春山,仙家日月闲。绮窗纱幌映朱颜,相逢醉梦间。松露冷,海霞殷。匆匆整棹还。落花寂寂水潺潺,重寻此路难。

第一首不难理解,可以采用咬文嚼字法和组词造句法赏析。

水边有几间别致的茅草屋,用"闲"字组个词,悠闲、闲散,茅草屋悠闲地靠在水边,画面让人看着非常惬意。把"闲"字换成"依""伴",就没有这种闲适的感觉。我穿着方便运动的衣服和帽子走在杨树林中。春风一夜之间吹开红艳的花朵。

今天新月已经躺在树梢上了,用"偃"字组个词,偃旗息鼓,"偃"

相当于累了倒下来,非常形象。如果把"偃"换成"躺""靠",就缺乏倒下来的动态,不够形象。"新月"指形状如钩的月亮,月亮倒下来躺在树梢上。我从中午喝醉酒以后就睡着了,醒来的时候已是傍晚。这种时刻,什么东西最能触动人的感情呢?只有不时传来的黄鹂鸟的三两声鸣叫了吧。"三两声"让人想到黑夜里唯一的动静就是几声鸟叫,显得黑夜寂静又有生气。

这首词是词人退休之后隐居时期的作品,描写了一幅鸟语花香、悠闲自在的画面,很有生活气息。

第二首词直接翻译有点难,可以通过抓住关键词想象。从"相逢、梦间、匆匆、重寻此路"中,可以隐约感觉像是一个男人碰到了某个心爱的姑娘,他们梦里相逢之后,醒来他又找不到那位姑娘了。

我乘着一艘小渔船,无意之间进入了如仙境一般的山边,这里悠闲快乐。透过美丽的雕花窗和纱幕,我看到了一个美人的身影。"映"让人想到掩映、照映。因为有窗纱,我对屋内的情景看得不是很清晰,只能看见朦朦胧胧的容颜,给人留下无限的想象空间。把"映"换成"见"或"现",画面太实,缺乏朦胧美。这位美女从哪里来,长得什么样?面对婀娜身姿的女子,我仿佛飘在梦中。

松树叶上露水寒冷,海上的朝霞红艳。时间一晃而过,太快了,船匆匆地就要回去了。好可惜,我还没来得及认识她。花朵落寞地飘去,水潺潺地流着,以后再寻找这条路并且遇到那位姑娘,概率恐怕为零了吧。

词牌《阮郎归》也叫《宴桃源》《醉桃源》《碧桃春》等,原本就是用来写与人的偶遇的。这首词写得朦胧含蓄,感情表达得刚刚好,多一些就庸俗,少一点就没味。

从人物的性格来看,司马光保守守旧,不会写《阮郎归·渔舟容易入春山》这样的词,但人的性格是多样的,这首《阮郎归·渔舟容易入春山》是他所作,第一首《菩萨蛮·数间茅屋闲临水》才是王安石所作。

人总是有另外一面,司马光也是人,做这样的梦也正常。

他们是一对政敌,台上斗来斗去,台下相互欣赏。王安石积极创新,司马光老成稳重。刚刚登基的宋神宗积极作为,大力支持王安石提出的变法主张。为了将变法进行到底,他们大规模地清洗保守派。这也是不得已的策略,不任用支持变法的人,政令很难推行下去。如果有人天天跟你唱反调,不执行你的命令,你还能淡定地对着他唱"你总是心太软"吗?

但是墙头草太多,很多善于钻营的人纷纷喊口号:"我们要变法,朝廷变法好啊,王大人好厉害啊……"

这导致一批想谋取官位而并非真心变法的人上台。新法在执行过程中出现了偏差,使得贫富差距大、民间高利贷多等问题更加严重。

司马光多次给王安石写信,劝其废除新法,不可"用心太过,自信太厚"。意思是:老王,你不要太自信变法效果了,听听我这个老朋友的意见吧。

全心扑在变法上的王安石根本听不见反对派的声音,他要为国家的富强流尽最后一滴血。

名气大、地位高的两个人最后成了变法派与保守派的旗帜型人物。

有人劝司马光弹劾王安石,只要抓住对方的缺点大肆渲染,弄不死他也会让他脱层皮。熟读历史的司马光一口回绝:"王安石变法没有任何私利,也不结党,为什么要这样做?"人家为了工作拼尽全力,我们却躲在暗处落井下石!这是小人行径,我不干!

事实也正如司马光所说,王安石变法虽然提携了很多新人,却并没有结党营私,只是想干一番轰轰烈烈的事业,让国家富强起来。

看着宋神宗支持王安石,司马光心灰意懒,我是不是该安静地走

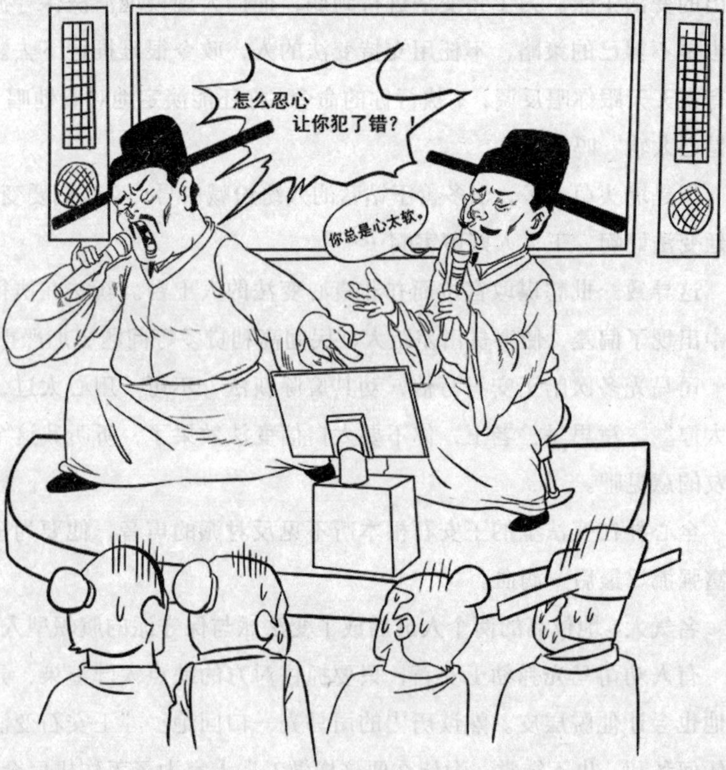
怎么忍心
让你犯了错？！
你总是心太软。

开？他从宰相的位置上退了下来，离开京城隐居洛阳，用无声的方式表示自己的抗议。后来，他用了19年时间写成一部旷古奇书——《资治通鉴》。王安石在春风得意、手握实权时，从来没有借机打击报复司马光。司马光为别人写墓志铭的时候，提到新法害苦了百姓。有人悄悄地把墓志铭的内容献给王安石："王大人，您看看，这是对您的侮辱与挑衅，弄死他。"

王安石摇摇头，说话、批评别人乃是人们的权利。为了杜绝闲言碎语，他把司马光为别人写的墓志铭印好挂在墙上，逢人就说："君实（司马光）之文，西汉之文也。"你们看，司马光写的墓志铭文采飞扬，自带古风，妙不可言哪。

我都不在乎，你们还攻击他干吗？

随着文坛大佬和高官权臣的加入，词渐渐被文人们普遍接受。晏殊、范仲淹、欧阳修、王安石、司马光这些大佬的爱好就是天下的流行新时尚，他们都写词了，我们还怕啥？宋词慢慢地脱去了胭脂水粉气，融入了典雅贵重气。

看到大佬都开始写词，文人们纷纷模仿创作，越写越多，越写越好。填词作曲成了人们的业余生活时尚。诗歌已经被唐朝人写得差不多了，题材能写的都写完了，何不换个方式炫耀才华？

大家纷纷创作词曲。有人用词写情书，表达爱意；有人用词迎合上司、升职加薪。

韩缜·带着老婆上演"外交风云"

宋神宗初年,西夏派人去大宋商量国境线的问题,担任大宋军事长官的韩缜被朝廷派往边境现场勘查、谈判。临行之前,他和老婆刘氏喝酒告别:"亲爱的,这一去路途遥远,不知何时才能回来,想你了怎么办?"刘氏听到后泪眼蒙眬,当场作词一首:

香作风光浓著露,正恁双栖,又遣分飞去。密诉东君应不许。泪波一洒奴衷素。

才女不哭不闹不上吊,写的词来伤人脑。

露水含着草香,亲爱的人却要离去,我的心儿怦怦跳。韩大叔看罢心都要碎掉了,他立刻写出了《凤箫吟·锁离愁》赠给老婆:

锁离愁,连绵无际,来时陌上初熏。绣帏人念远,暗垂珠露,泣送征轮。长行长在眼,更重重、远水孤云。但望极楼高,尽日目断王孙。

销魂。池塘别后,曾行处、绿妒轻裙。恁时携素手,乱花飞絮里,缓步香茵。朱颜空自改,向年年、芳意长新。遍绿野,嬉游醉眼,莫负青春。

让我们采用画面重组想象法和改编内容法，看看词里写了什么。

首先通过抓住几个关键词来体会人物当时的心情：离愁、泣送、孤云、销魂、乱花、空自改，这几个词让我们想到人们在离别之际，悲伤惆怅、依依不舍的心情。

离别时分，看着眼前连绵无际的芬芳春草，想起了以前和心上人一起游玩的时候。那时，小草刚刚露出头，现在我们却要分别，唉，时间过得真快啊。她想到我将要远行，目送远去的车轮，暗自流泪。这时我仿佛听到她轻轻地呼喊"亲爱的，别走"！可是我的身影还是渐渐地消失了，她痴痴地张望，眼睛却只能看到重重山水、片片孤云。这时，她还不死心，登上高楼，可是望穿秋水也看不到心上人的影子了。

自从那日在池塘分别以后，我伤心、孤独、寂寞，没有一天不辗转反侧。当年我们两个人携手游玩、踏春赏花时，连地上的小草都忌妒我们的甜蜜。如今我们虽然皮肤松弛，容颜老去，但对彼此的情义却没有改变，如同芳草一样年年常新，春风吹又生。

亲爱的，不要触景伤情了，梳妆打扮一下，多出去走走，游玩踏青，及时行乐。不要辜负了大好青春，闷坏了身体。别伤心，莫难过，转移视线乃是医治离别伤痛的良药。

韩缜在这首词中用芳草寄托离别伤感的情绪，在当时属于第一家。后来又陆陆续续有人根据这首词的音律格调来创作，就有了词牌《凤箫吟》，又叫《凤楼吟》《芳草》。

平凡的景物配合特定的音律，就能放射出光亮。宋词的每个词牌都有特定的音律，比如《凤箫吟》："仄平平，平平平仄，平平仄仄平平。仄仄平仄仄，仄平平仄，仄仄平平。平平平仄仄，仄仄平平，仄仄平平仄平平。仄仄平平平，仄仄仄仄平平。平平。平平平仄，平平仄，仄仄平平。仄平平仄仄，仄平平仄仄，仄仄平平。平平平仄仄，仄平平，平仄平平。仄仄仄，平平仄仄，仄仄平平。"很像是乐曲里的"哆瑞咪发梭拉西多"有规律地排列着。填词就是按照平仄规律对号入座。

平仄是字的声调，平指"平直"，仄指"曲折"。古代汉语有四种声调，称为平、上、去、入，除了平声，其余三种声调读起来有曲折变化，统称为仄声。有个简单但不是很严谨的判断方法：平声字类似现代汉语拼音里的第一声、第二声的字，仄声字类似第三声、第四声的字。

每个词牌都有固定的平仄排列要求，填词的时候，遇到平声要求，选择平声字，遇到仄声要求，选择仄声字，这样读起来才能朗朗上口，唱起来才能抑扬顿挫。这就是古代诗词读起来顺口的重要原因。

粗犷的韩大叔写出了缠绵悱恻的《凤箫吟·锁离愁》。这首词瞬间火爆汴京城，第二天就传唱到了皇宫里。仁慈宽厚的宋神宗读着这首词，感叹道："看来他们两人真是情深义重啊。"于是他立即作出重要批示：把刘氏送到韩缜的身旁，你们秀恩爱的同时，记得为国争光啊。

看到刘氏，韩缜激动之余又有些莫名其妙，皇帝怎么把你给送来了？后来才知道《凤箫吟·锁离愁》无意之中挤进了京城流行歌曲排行榜。

带着老婆搞外交风云，也只有宋朝人能如此潇洒了。

不过浪漫多情的韩缜只对美女比较温柔，对男人与动物却只有四个字：太残暴了。

在担任秦州太守的时候，有一次，他搞家庭宴会。属下傅勔喝多了，出去上厕所，稀里糊涂地走进了上司的卧室，刚好和韩缜的小老婆擦肩而过，色眯眯地回头多看了他老婆几眼。

韩缜大发雷霆，这还得了，再让你多喝一点，我头顶上的帽子岂不要变颜色？不由分说，命人用铁棍砸死了傅勔。傅勔的妻子拿着丈夫被血染红的衣服，击鼓鸣冤，我相公不过误闯卧室，罪不至死啊！

最后，韩缜只被降职处理。

韩缜不仅对男人比较苛刻残忍，对动物也好不到哪里去。他平时特别喜欢吃一道奇怪的菜——驴肠。这玩意儿不好煮，太烂或者太硬都没有爽脆的味道。府中的厨师经常因为煮时的火候不合他的心意而被随意打骂。为了不挨骂，厨师们只能将活驴绑在柱子上，直接开膛破肚，然后迅速拿出驴肠进行烹煮，据说这样煮出来的驴肠吃起来既脆爽又鲜美。有个客人在吃饭期间上厕所，看到厨师们用这种独特而残忍的手法做菜，吓得一身冷汗。从此以后，他再也不想吃驴肠和驴肉了。

可驴太痛苦了。厨师们只能事后烧纸钱祭拜：驴兄，对不住了，如果不弄死你，韩大人就得弄死我们哪。愿天堂没有神仙喜欢吃驴肠。

相比韩缜，下面的一位词人就温和多了。

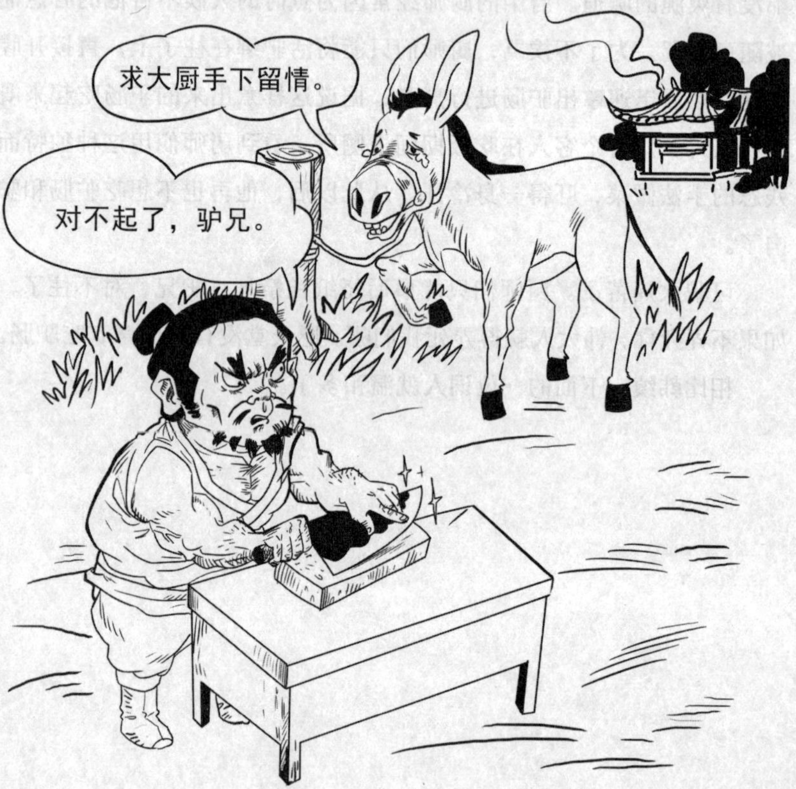
求大厨手下留情。
对不起了，驴兄。

宋祁·确认过眼神,你是对的人

一天,他上朝的时候,经过首都汴京,从宫里出来的嫔妃车队正好迎面走来,男人赶紧闪到一旁。皇家车队里的宫女们好不容易出来一趟,她们掀开帘子,贪婪地看着街上的美景和帅哥,饱饱眼福也好啊。

突然,有人惊呼:"哇,是小宋耶。"声音里饱含了无限的崇拜与柔情。

男人寻声望去,美人的惊鸿一瞥犹如一道闪电击中了他的心脏。哎呀,含笑的眼睛,微张的嘴唇,教我怎能不想她?

于是长得帅、名气大、地位高、性格温和、人见人爱、花见花开、鬼见鬼投胎的状元郎宋祁回到家辗转反侧,填下一首《鹧鸪天·画毂雕鞍狭路逢》:

画毂雕鞍狭路逢,一声肠断绣帘中。身无彩凤双飞翼,心有灵犀一点通。

金作屋,玉为笼,车如流水马如龙。刘郎已恨蓬山远,更隔蓬山几万重。

《鹧鸪天·画毂雕鞍狭路逢》中大多借用别人的字句。"身无彩凤双飞翼，心有灵犀一点通"和"刘郎已恨蓬山远，更隔蓬山几万重"都是照搬唐朝李商隐的名句；"车如流水马如龙"则是套用西汉刘向《列女传》中的句子。所谓天下文章一大抄，看你会抄不会抄。几个句子组合起来却有化名句为神奇的效果，把一见钟情却又无法相认的遗憾写得很到位。

我们抓住关键的字词"肠断、恨、隔、万重"等，可以知道这首词肯定跟男女分别有关；从"狭路逢"可推测，词人在路上偶遇心上人，又是一个"东京爱情故事"（北宋定都东京开封府）。

帅哥状元一填词，流行榜单第一名。

宋仁宗听说状元郎又写了新词？命人快快唱来。

他听着听着，脸色突变，谁在街上喊小宋？他们怎么会认识？难道我的妃子跟大臣有私情？我再仁慈也不能容忍了！

宋仁宗立刻找来当天外出的宫女嫔妃，问是谁喊出的那一句。大家你看看我，我看看你。一个双腿发抖的宫女出来请罪，她在一次御宴上看到宋祁身边的人指着他称小宋，所以记住了他（此处女人省略重要内容"我情不自禁地喜欢上了他"）。那天在街上偶遇，她太过激动了，没控制住自己，就喊了一声。

原来如此，难怪词中写道，恨那蓬山太遥远，隔着几重山。明白了，淡定，还好不是我的嫔妃。

有意成人之美的宋仁宗叫来宋祁，让宫女们演唱《鹧鸪天·画毂雕鞍狭路逢》，故意问道："小宋哪，词中女子是宫中哪一位美人呢？"

宋祁顿时吓得魂飞魄散，唉，涉嫌调戏皇宫里的女人，这下大祸临头无处藏了。他连忙磕头道歉，罪臣该死！

宋仁宗听后哈哈一笑："别紧张，逗你玩呢！既然你们相互喜欢，蓬山就不会远，宫女赏给你了。"

还有这样的操作？宋祁擦着一头的冷汗，皇帝也爱开玩笑啊。

他不仅因为一首词赢得美人,还因此得到重用,从此官运亨通。

宋祁和哥哥宋庠小时候失去了父母,跟随继母在老家湖北安陆读书,一家人穷困潦倒。有一年冬天,同学们来家里聚会,哥哥宋庠拿出祖传宝剑,摘下剑鞘上的银质装饰品去卖钱回来办酒席。宋祁开玩笑说:"我们冬天吃剑鞘,过完年就要吃宝剑了。"

好在兄弟俩比较争气,同时参加科举,一起考中进士,主考官打算拟定宋祁为第一名,宋庠为第三名。垂帘听政的太后一看,弟弟怎么能排在哥哥前面?岂不乱了长幼之分的规矩?于是定宋庠为状元,而把宋祁放在第十位。"双状元"便是这么来的,人称"二宋"——大宋和小宋。

宋祁刚刚做官的时候,年纪轻、易冲动,时不时上书说事,劝诫宋仁宗注意节俭,不要沉迷女色。但随着官职越来越大,工资越来越高,小宋发现,奢华原来这么爽,难怪皇帝不节俭。后来他的家里奢侈品成堆,每天大摆宴席,轻歌曼舞,常常欢乐到天明,人称他家为"不晓天"。

节俭的宋庠听说弟弟放任自流,派人劝说:"老弟,还记得当年我们两个在学校里吃烂腌菜和冷饭的事情吗?"

宋祁微微一笑:"老哥,当年我们刻苦拼命,不就是为了如今的奢侈吗?"

大宋无语了。

宋祁六十岁的时候,出任成都太守,依然桃花运不断。一天晚上,他在外面参加宴会,夜深天冷,寒风凉凉,就派仆人回家取一件"半臂(类似现在的马甲)"。大老婆小老婆们争相拿出自己准备的半臂,穿我的,用我的,老爷喜欢这件……

一时间,仆人竟无语凝噎,做老爷真好。

于是,仆人拿回去几十件半臂。宋祁望着一堆马甲,穿谁的好呢？唉，穿谁的都会得罪其他几位老婆。身体挨点冻，总好过让别人心里受创伤，我干脆一件都不穿，感冒发烧也不穿。

别看他平时嘻嘻哈哈，做起事来却特别认真。

朝廷任命他与欧阳修共同编修《新唐书》，十几年的时间里，不管在家还是外出，他都随身携带稿件，一边四处当官，一边灯下修书，每天晚上写书到深夜。

累了，困了，就来点刺激。

有一天，屋外雪花飘飘。宋祁瞟了一眼飘扬的雪花，忽然问周围的丫鬟们："你们以前侍奉过的官宦人家，那些主人在这样大雪纷飞的夜晚都在干什么呢？也会像我一样刻苦写书吗？"

其中一个曾在太尉家工作过的丫鬟说："在这种情况下，太尉府的人通常都会围着火炉，摆下酒宴，奏起音乐，欣赏舞蹈与杂剧。"

嘿，有点意思。宋祁马上命人撤掉书桌，通宵达旦，饮酒唱歌。

他和欧阳修合撰的《新唐书》大功告成之后，升任工部尚书，又开始尽情享受人生。春天来了，他拉着美人的小手，出去踏青，写出了令他在宋词界红透半边天的《玉楼春·春景》：

东城渐觉风光好，縠皱波纹迎客棹。绿杨烟外晓寒轻，红杏枝头春意闹。

浮生长恨欢娱少，肯爱千金轻一笑。为君持酒劝斜阳，且向花间留晚照。

寒冷的雾气轻轻地笼罩着杨树，"轻"字好像让人看到稀少的雾气飘在杨树的周围，朦朦胧胧，若隐若现，初春的寒意不浓也不淡，轻飘飘的，刚刚好。"闹"字让人仿佛看到杏花争着开放，相互打闹，你挠我一下，我挠你一下，一片片花朵在追逐嬉戏的场景。是不是在

077

寒风中显得春意浓烈？

我们还可以把诗词里面涉及的景物组合起来，想象一下眼前浮现了一幅什么样的画面。湖边、小船、水纹、岸边的杨柳、枝头的红杏，是不是让人想起了那首经典儿歌——《让我们荡起双桨》："让我们荡起双桨，小船儿推开波浪，海面倒映着美丽的白塔，四周环绕着绿树红墙。"

仿佛身处美好的春光之中，船桨轻轻划开湖面的波纹，船上的人嗅着花朵飘来的清香。

词的上片用"轻"和"闹"连接起几个简单平常的景物，马上就让人联想到形象的画面。如果只喊着春天来了，杏花绽放，小草发芽，好美啊，好快活啊，丝毫不能触动我们的内心。因为口号喊不出意境。

下片写大家总是感叹愉快的时间很少。嘿，别感伤了，劝你们跟我一样，拿起斟满的酒杯，对着金色的夕阳，在花丛中留住一抹美丽的晚霞。人生短暂，要善于发现美，珍惜眼前人，有美酒、佳人和美景，也不错的嘛。

寥寥几十个字，就把春天的景色写活了，将人生的思考写透了。

宋祁也因为这首词而得到"红杏尚书"的称号。

好的宋词不仅能赢得美人倾心，还能赢得别人的认可。随着词逐步进入正统文人们点头认可与尝试创作的时代，有些人瞅准机会，把宋词做成一笔生意和投资。

张才翁·写词写得妙,升职快通道

张才翁在宋朝文人中并不出名,他曾经在四川做官,很有才华,擅长写词,性格上说得好听点就是不拘小节,说得不好听就是举止狂妄。这样的人如果遇到宽容仁慈的、愿意调教他的人,会有一番成就。

只可惜他当时的领导叫张公庠,张公庠年纪轻轻便考中进士,自负甚高,平时也不苟言笑。两个人都很傲慢,张公庠看不上张才翁,你狂什么狂?你会写词,难道我不会?张才翁也看不上张公庠,对他并不友好。于是其他同事陆陆续续被提拔了,张才翁依然原地踏步。

唉,人在屋檐下,岂能不低头?痛定思痛之后,他准备恭维一下领导,缓和两人的关系。

于是在一个天气晴朗、阳光温暖的日子,当他得知郡守张公庠带着下属和歌伎一起到郊外的白鹤山游玩,偏偏不带自己时,觉得得想个法子。

于是他找来熟悉的官妓杨皎。

"小皎,帮我个忙呗。"

"什么忙?"

"老头子(张公庠)到白鹤山欣赏风景,必然诗兴大发,你帮我拿到他的诗歌,迅速派人送过来。"他拿出准备好的银两,"切记!火速!"

杨皎心领神会："一定！放心！"

果然，张公庠登上白鹤山，站在休息亭，望层峦叠嶂，看千里江山，觉得不写首诗，怎能对得起此情此景？一首《游白鹤山》瞬间完成：

初眠官柳未成阴，马上聊为拥鼻吟。
远宦情怀销壮志，好花时节负归心。
别离长恨人南北，会合休辞酒浅深。
欲把春愁闲抖擞，乱山高处一登临。

"好诗，好诗！高，实在是高。"众下属拼命点赞。

当大家嘴巴抹了蜜的时候，张才翁手上抹了油。第一时间拿到领导新诗的他，立刻选用词牌《雨中花》，将诗歌加以裁剪、改写，配合押韵与曲调，火速将《游白鹤山》改成了《雨中花·夜行船》：

万缕青青，初眠官柳，向人犹未成阴。据雕鞍马上，拥鼻微吟。远宦情怀谁问，空嗟壮志销沈。正好花时节，山城留滞、忍负归心。

别离万里，飘蓬无定，谁念会合难凭。相聚里，休辞金盏，酒浅还深。欲把春愁抖擞，春愁转更难禁。乱山高处，凭阑垂袖，聊寄登临。

让我们用画面重组想象法欣赏一下这首词。从"空嗟壮志销沈、飘蓬无定、春愁、聊寄登临"等词，可以推测出词人壮志难酬的郁闷和漂泊无定的惆怅。

春光融融，杨柳依依，并未成荫。我坐在马上，低声吟唱。唉，我这异乡游子在外求官漂泊，心中的想法又有谁能知道？曾经的凌云壮志也渐渐地被消磨掉。花开时节，逗留山城，心中很想回家。世间别离，漂泊无定，人生的聚散起伏根本没有定数，没有规律。

哪个小迷弟这么崇拜我？

张才翁说您的诗歌相当好，就改编成了歌曲。

这小子有眼光，给他升职！

唉，不多想了，相聚的时候就喝他个痛快，倒满，倒满，别推托，喝吧，喝！

借酒浇愁愁更愁，酒醒了，依然是晓风残月，本想甩掉春风，振奋精神，可是愁绪好像更多了，怎么甩都甩不掉。待我去山顶，靠着栏杆，垂下衣袖，眺望远方，寄托我的伤感与惆怅。

这首词的内容不再是卿卿我我的情和爱，而是将男人的漂泊与感怀、游子的惆怅、人生的愁绪，抒发得恰到好处。

改编完诗歌，张才翁又第一时间通知杨皎："今晚老头子回来设晚宴，你就在旁边唱这首词。"

嗯？嗯！

杨皎开始了她的表演。

听完后，张公庠很惊诧："这不我写的诗吗？谁这么快改成了歌词？谁这么崇拜我啊？杨皎还有这等本事？"

杨皎回答："张才翁说您写的诗相当好，改成歌曲一定很好听，这是他交给我的。"

"张才翁？你确定？"

"确定以及肯定。"

哦。张公庠仔细看了看歌词，不光内容精妙（本来就是抄我的嘛），而且音律协调，看来这小子脑袋瓜开窍了，的确有两把刷子。

有了张公庠的看重，自此一直备受打击的张才翁受到重用，平步青云。

张才翁因为一首词得到领导提拔，也有人因为一首词赢得皇帝重用。

蔡挺·将军一写词，就是连环杀

他是一位将军，当年担任甘肃太守的时候，工作非常认真，把平时练兵也当作真实的打仗。有次，西夏来犯，他下令所有人退守城内，在路上撒下许多铁蒺藜，西夏战马被铁蒺藜刺伤，在围攻城池时，一无所获。撤退途中又遭弓箭手袭击，损兵折将。

虽然他工作能力很强，却因为不会表现自己，始终在太守的位置上徘徊。日复一日。熬到了宋神宗时代，他依然担任平凉太守。

朝中无贵人，提拔不可能。得想个办法不能坐以待毙啊！

足智多谋的将军心生一计，有了！回忆起以前征战的种种事迹和多年得不到重用的委屈，他提笔写下一首《喜迁莺·霜天秋晓》：

霜天秋晓，正紫塞故垒，黄云衰草。汉马嘶风，边鸿叫月，陇上铁衣寒早。剑歌骑曲悲壮，尽道君恩须报。塞垣乐，尽橐鞬锦领，山西年少。

谈笑。刁斗静，烽火一把，时送平安耗。圣主忧边，威怀遐远，骄虏尚宽天讨。岁华向晚愁思，谁念玉关人老？太平也，且欢娱，莫惜金樽频倒。

为了更好地理解这首词的内容，先从词中挑出自己熟悉的字词翻译一下：骏马迎风嘶鸣、鸿雁仰月吼叫、铁衣寒冷、剑歌骑曲、一把烽火、君主担忧边疆、讨伐征战、玉门关外、人已渐老。把这些词串联起来，眼前出现了边疆士兵日常生活的场景。

秋天清晨，走出帐外，隐约看见边塞耸立的古垒和寒风中摇曳的枯草。战马在北风中嘶鸣，鸿雁在月色下翻飞。保卫边疆的士兵穿着战衣，昂着头站立在清晨的寒风中。大家骑着马，称颂皇恩浩荡。少年佩戴盔甲，傲然挺立，享受着保家卫国的快乐。

谈笑之间，天色渐亮，士兵行动安静有序。烽火一起，不要紧张，看我们分分钟击退强敌。当今圣明的皇帝时刻担忧边关安危，他使用怀柔宽仁的政策，感化了敌人，让他们臣服。一年又一年驻守边关，谁又能想到我这样的武将已经年老了呢？还好现在是太平盛世。尽情地欢乐吧，让我们醉倒在酒杯旁吧！

不愧是足智多谋的将军，倾诉委屈而不显得牢骚满腹，抒发埋怨而不刻薄，用形象的景物展现战斗的乐观与辛苦，委婉地提醒皇帝，谁在保家卫国？是我们！

在歌颂太平盛世中饱含着年老的悲伤与酸楚，既不矫情也不愤怒，让人心生同情。这么好的一位将军，怎么得不到提拔呢！

普通人同情不管用，得让皇帝看到啊。

于是将军写完词以后，拿给儿子看，儿子"不小心"掉在路旁，被老仆人捡到。仆人不识字，交给写文书的小官看，小官"不小心"又被与小官有私情的歌伎看到，于是歌伎编成了歌曲。歌曲"不小心"又被巡视地方的当红太监听到。

老将军为了给太监接风洗尘，特意安排了歌舞表演。恰好那位歌伎也在场，唱的恰好又是捡到的那首歌词。太监听得很开心，老将军听得很着急，自己"不小心"丢失的歌词居然在这种场合由一个歌伎唱出来，太不庄重了，岂有此理！

他准备把歌词供应链上的人全部关进监牢，大家纷纷求情，将军却不依。将军不急太监急，巡视太监发话了。这怎么说的，如此美貌的女子，干吗打入大牢。将军的词写得很好嘛，别扫了兴致，继续唱吧。

嗯……既然领导发话了，那就继续。接二连三的"不小心"显得又是那么小心，持续不断的恰好又是那么刚刚好。

巡视太监酒足饭饱，带着土特产和歌词的原稿回到了京城，把内容"不小心"透露给了宫女。看到歌词中的"太平也"几个字，宫女们觉得一定是好词，哪个皇帝不喜欢歌颂太平盛世呢！

于是大家争着传唱，最后宋神宗也听到了，每天听爱情流行乐，现在来了个豪放的边塞曲，有气魄。"谁写的？"

"蔡挺将军。"

"蔡挺？哦，我怎么把他忘了！"

宋神宗想起老臣的功劳与忠心，赶紧亲自给他写了封信，任命他为枢密副使。宋神宗的那封亲笔信，被他当作传家宝世代珍藏。

世上没有那么多巧合，身为将军的蔡挺对连环计自然烂熟于心，写出自己的想法，等待使者到来，安排歌伎唱出心声，未尝不可。如果巧合没有实力加持，只能真的成了巧合。蔡挺之所以成功，一来歌词写得好，二来战功很显赫，三来宋神宗挺宽厚，所以他一策划，就成功了。

宋朝的经济高速发展，让老百姓腰包渐鼓。加上活字印刷术的发明，让书籍不再是顶级奢侈品。普通人家也能买得起书，上得起学。而且宋朝的科举制度也非常完善公平，只要肯下功夫读书，即使没有名气，出身底层的人也可以考中进士，一步登天。

公平的考试制度和教育制度可以改变一个朝代的风气，宋朝从上到下的读书氛围非常浓厚。在宋朝，文人们很幸福，心血来潮时，还可以拿领导吐个槽，开个涮。

王齐叟·吐槽"老板"又咋滴

太守板着脸,看我整不死你。当着众人的面,他叫来王齐叟,骂道:"谁给你的胆子?听说你写了十几首《望江南》都在讥讽嘲笑同僚和本官?别以为你哥哥在朝中做官,你就可以胡作非为,这个地方还是本官说了算!"

王齐叟平时嘻嘻哈哈惯了,想着这就能吓到我了?讽刺人不犯法吧?他灵机一动,有了!于是不慌不忙地说道:"大人冤枉啊,我哪里敢讽刺您呢?再说我也没填那么多《望江南》啊。不信,您听听这首词,'居下位,常恐被人谗。只是曾填青玉案,何曾敢作望江南。请问马都监'。"

嗯?太守无语了。他在心里念着王齐叟的新词韵律:平仄仄,平仄仄平平。仄仄平平平仄仄,平平仄仄仄平平。仄仄仄平平。这厮在词中说他没写《望江南》,结果明明还是《望江南》的曲调。还挺会抖机灵、玩包袱。罢了罢了,小王实在太狡猾。

太守眉头一松,哈哈大笑。同事们也跟着笑了。

王齐叟用搞笑的方式化解了一场暴风雨,又顺便活跃了一下气氛。一旁的马都监(掌管地方军队训练的官员)看到这儿却脸色发绿,赶紧向太守解释:"大人明察,我跟这厮平时没交往啊。"然后擦着冷汗,转过头对王齐叟说:"你小子干吗把我扯进来?我跟你不熟吧?"

王齐叟哈哈一笑:"老马,别自恋,我只不过借你凑个韵脚罢了,

'监'字正好押韵嘛。"

虽然王齐叟很幽默,不过他平时恃才傲物,不太好相处。在地方做官的时候,他谁都不放在眼里,看看这个,咦,俗气。看看那个,唉,晦气。没几个能入他的法眼。

因为他的哥哥在朝中担任副宰相,同事们只能把对他的愤怒压在心里。有一天,他把太守也得罪了。大领导一声吼,同事们跟风走,纷纷落井下石,发泄对王齐叟压抑许久的不满。他平时就不把太守大人您放在眼里,狂妄、孤傲,自以为天下第一……什么能引起领导的愤怒,大家就说什么。

嘿,怎么办?狡辩?一张嘴怎能说得过千张口?调侃?这个可以有。

他平时没事总爱哼哼唱唱,特别喜欢《望江南》的曲子,曾经用这个词牌填了十几首词,内容大多讽刺同事或者领导。如今现场作了一首"狡辩词",逃脱了长官的惩罚。

但是灭了长官的火,却灭不了老丈人的火。

有一次,王齐叟跟岳父喝酒,两人为小事吵了起来。身为武官的老丈人脾气相当火爆,你竟敢跟老子翻脸?没大没小,不知天高地厚,要是杀人不犯法,老子一刀把你劈成两半。

喝醉酒的王齐叟也不甘示弱,一个武夫,有什么了不起。

老丈人气得直接把女儿领回家,离婚,跟他离婚。

走就走,谁稀罕你家。

两人谁也不让谁。妻子舒氏夹在丈夫与父亲中间,十分痛苦。但最后还是拗不过父亲,不得不跟着父亲回家了。

回到娘家后,她闷闷不乐,晚上依然辗转反侧睡不着,只能出去散散心。她吃力地扶着池塘边的栏杆,独自看着眼前的景色。旧愁新恨,如同鬼魂一样缠绕着她。水上,成双的小鸟飞走了;水底,结伴的鱼儿也游走。镜子般的湖面上，照着我的影子，我却唯独少了一个你，亲爱的，好想你。

妻子写下了这首深情的《点绛唇·独自临池》：

独自临池，闷来强把阑干凭。旧愁新恨。耗却年时兴。
鹭散鱼潜，烟敛风初定。波心静。照人如镜。少个年时影。

可惜，愣头青王齐叟怎么也不愿向岳父低头，最后，舒氏只能在父亲的安排下改嫁他人。

离婚后的王齐叟更加愤世嫉俗，哪里他都看不惯。没有平和的心态，人很难长寿，三十九岁他就去了阴曹地府跟阎罗王吐槽了。他平时创作的词大多遗失，只留下这首《望江南》和一首没有词牌的词。

《望江南》，也叫《忆江南》，最初起源于唐朝的宰相李德裕为死去的老婆谢秋娘作的悼亡词。后来白居易按照音律和格式填写了三首回忆江南的词，觉得《谢秋娘》的词牌名不雅观，谢秋娘，忆江南，要不词牌就叫《忆江南》吧。

后来也有文人将《忆江南》改成《梦江南》《江南好》《春去也》《梦游仙》等，温庭筠也用这个词牌名填了一首词，取名《望江南·梳洗罢》：

梳洗罢，独倚望江楼。过尽千帆皆不是，斜晖脉脉水悠悠。肠断白蘋洲。

从此《忆江南》《望江南》的词牌基本定型，成了唐朝教坊里的常备曲目。

除了王齐叟，还有一位大才子更执着于《望江南》的创作。

王琪·和《望江南》"死磕"到底

名刹古寺少不了文人墨客的诗词,他们用文雅的方式在墙上涂鸦,希望留下自己的姓名。

有次,晏殊去扬州大明寺,看着满墙的诗句,他一边念一边皱眉头,这写的都是什么啊。这种诗句也敢题到墙上?无趣,穷酸!

就在他对这些诗感到不满时,突然有一首诗让他眼前一亮:

水调隋宫曲,当年亦九成。
哀音已亡国,废沼尚留名。
仪凤终陈迹,鸣蛙只沸声。
凄凉不可问,落日下芜城。

妙,妙,这首《咏史》写得哀婉但不愤怒,平和之中尽显精妙。人才,人才。

晏殊赶紧派人打听,原来诗人乃是扬州望县的县尉王琪。于是晏殊就让人把王琪请过来,一起吃个饭。

看着小县尉王琪,晏殊准备考考他有没有真才实学。"小王,我每次填词的时候,只要想到佳句,就会写到墙上、纸上。但有时一年也想不出个好句子,最近写了首词,上句'无可奈何花落去',到现在还没想出下句,唉。"

"大人,您觉得'似曾相识燕归来'如何?"

"似曾相识燕归来?"

"妙,好。极好!"

看着对方想都没想就对出了下句,晏殊惊呆了,想着这小子乃天纵之才啊!

《浣溪沙·一曲新词酒一杯》终于大功告成:

一曲新词酒一杯,去年天气旧亭台。夕阳西下几时回?

无可奈何花落去,似曾相识燕归来。小园香径独徘徊。

春光易逝,容颜易老,夕阳西下,人生总有那么多不如意。盛开的美丽花朵无可奈何地凋落,燕子归来,好像是去年的那只吧,又好像不是。之前我们一起赏花,看燕子,今年只有我一个人孤独地在我们曾经携手走过的路上徘徊,唉。

晏殊一边细细品味,一边对王琪说:"别做县尉了,以后跟着我吧。"就提拔王琪做了幕僚兼助理,自己升官到哪里,就把王琪带到哪里,两人经常交流诗词。

有一天,晏殊躺在床上正准备睡觉,王琪命人送来两句诗:"只在浮云最深处,试凭弦管一吹开。"

好诗,好建议,我来也。

晏殊立刻坐起来,穿好衣服。来人啊,摆道具,搭舞台,唱歌词,欢乐一通宵。

两人虽是上下级,却胜似亲兄弟。

性格孤僻的王琪有了晏殊的提拔与重用,最终坐上礼部侍郎的位置。打铁还需自身硬,有了超强的本领、出色的才华,无论性格孤僻还是热情,皆有可能获得成功。

王琪留下来的作品不多,却首首都是经典。他曾经写了十首《望江南》。第一句分别为"江南柳""江南雨""江南岸""江南草""江南竹""江南燕""江南酒""江南月""江南雪""江南水"。

我们来看看其中一首:

江南雨,风送满长川。碧瓦烟昏沈柳岸,红绡香润入梅天。飘洒正潇然。

朝与暮,长在楚峰前。寒夜愁欹金带枕,暮江深闭木兰船。烟浪远相连。

这首词的字数和白居易、温庭筠的《望江南》字数不一样。其实这是双调小令,相当于两首《望江南》叠在一起。双调小令和单调小令的格律平仄相同,字数不同。单调小令一首有二十七个字,五句押三个平韵,其中有三句最后一个字为平声字,如川、天、然。而双调小令一首有五十四个字,前后两首押韵的位置一样,比如前、船、连。

江南梅雨时节,到处烟雨蒙蒙。把"满"换成"到",效果怎么样?"到"太过平常,缺乏氛围感。"满"让人仿佛看到了山上到处飘着烟雨。诗词的用字贵在形象,让你一读就能联想到一幅幅画面。

早上、晚上,冷雨都萦绕在山峰的前面。"长"字表示长时间地停留,如果换成"停"字,就无法表达出女人对冷雨的厌烦。雨一直下,一直下,气氛不算融洽,写出了女人对男人的思念。听着滴滴答答的雨声,我在寒冷的夜晚怎么也睡不着。爬起来斜靠在枕头上,黑夜遮住了游船,远远望去,一片模糊,看不到边际。

"暮江深闭木兰船"与"暮江紧闭木兰船"有什么不同呢?可以

用组词造句法把"深"和"紧"组几个词来分析一下：深深、深处、紧闭、紧关，把它们放到整个句子当中。整条烟雨笼罩的江河深处，一艘木船的门紧闭，也可以理解成雨遮蔽了木船，让人感觉到在广阔的场景中一只小船很孤独。"紧闭"则无法展现到处是雨的感觉，只有在烟雨的"深处"朦朦胧胧、似有非有地看到一艘小船，才能写出小船的孤独，衬托出女人内心的寂寞。

整首词朦胧含蓄，犹如一幅江南烟雨画。

在宋朝，有通过写词升官的，也必然有因写词丢官甚至丢命的，柳永因为写词得罪了最高领导，遗憾终生。宋词经过不同时期文人的创作，已经拓宽了领域，创造出了更多的词牌，但词的地位还是比传统的诗歌低那么一丢丢。

时代在呐喊，词坛在呼唤，我们需要创新，我们需要高手。

苏轼来了，他燃起了宋词的一把熊熊烈火，让宋词与唐诗成为"绝代双骄"。

苏轼·让我燃起宋词的一把熊熊烈火

给女人词注入豪放气

唉,这些人太吵了。

无休止的斗争,今天变法派抓反对派的小辫子,明天反对派抓变法派的小绳子,大家摆出不整死对方不罢休的姿态。

何苦呢?真是让人头昏脑涨!

宋神宗熙宁二年(1069年),全国上下在王安石的领导下,开展了轰轰烈烈的变法运动。由于急功近利、过于冒进、用人不当等原因,朝廷在推行变法的过程中出现了一系列的问题。

于是年轻的苏轼写了《上神宗皇帝书》《再上皇帝书》,集中火力炮轰变法。但皇帝不仅没有采纳他的建议,变法派反而在宋神宗面前打起了苏轼的小报告。

精疲力竭的苏轼请求外任。

苏轼先是去了杭州担任通判,又相继在密州(今山东省诸城市)、徐州、湖州三地担任知州。这个时期的他远离了京城的纷争,过上了相对来说悠闲的生活。于是他一边工作、一边旅游、一边创作,在每个地方都留下了他的诗词。

担任密州知州时,在陌生的环境中,周围都是陌生的人。他想,如果妻子王弗能陪在身边该有多好。

苏轼在十九岁的时候,娶了十六岁的王弗,两人恩爱甜蜜。苏轼才华横溢,重情重义。王弗年轻貌美,孝顺贤惠。可惜,世事无常,王弗在二十七岁就去世了,这令苏轼备受打击。

如今四十岁的苏轼,被贬地方,漂泊他乡。身边没人作陪,他总有些失落,于是经常想到美丽温柔的妻子。

日有所思,夜有所梦。

有天,苏轼看到妻子坐在小窗前,对着镜子梳妆打扮。苏轼想要和她说话,却没有声音;想要拥抱妻子,却走不到她身边。苏轼极力张口,却始终张不开口。

妻子也看到他了,看到丈夫鬓发花白,脸上皱纹堆起,心中一阵刺痛。丈夫怎么老成这样了?是我不好,早早地离开了他,没能好好照顾他。妻子想要走过来安慰他却始终无法移动脚步。他们相近咫尺,仿佛又远隔千里。唉,两人泪如泉涌,无言以对。

妻子的影子越来越模糊,苏轼越来越紧张。

原来是场梦。唉。

梦醒的苏轼,再也睡不着了,他提笔写下《江城子·乙卯正月二十日夜记梦》:

十年生死两茫茫,不思量,自难忘。千里孤坟,无处话凄凉。纵使相逢应不识,尘满面,鬓如霜。

夜来幽梦忽还乡,小轩窗,正梳妆。相顾无言,惟有泪千行。料得年年肠断处,明月夜,短松冈。

不过,苏轼毕竟是乐观达人,在短暂的悲伤过后,他又投入到了充满激情的工作当中。在密州,他勤政爱民,深得百姓信任与尊敬。工作之余,他就打个猎,写首词。

一首《江城子·密州出猎》，标志着一种新风格的词横空出世。

老夫聊发少年狂，左牵黄，右擎苍，锦帽貂裘，千骑卷平冈。为报倾城随太守，亲射虎，看孙郎。

酒酣胸胆尚开张，鬓微霜，又何妨？持节云中，何日遣冯唐？会挽雕弓如满月，西北望，射天狼。

我们可以使用画面重组想象法来深入体会这首词：步入老年的我依然没有失去年轻人的锐气与狂放，看我左手牵着黄狗，右手托着老鹰，精神抖擞地走上猎场。酷不酷？帅不帅？

我戴着漂亮的帽子，穿上貂皮大衣，带领士兵浩浩荡荡地出发。"卷"字在这里用得很形象，千万匹战马飞驰而过，山峦、平原都卷起了尘埃，一个字让画面透露出杀气，写出了行军中的紧张。城里的同志们、百姓们，感谢你们一直以来对我的支持与追随，今天我要给你们表演一个精彩的节目：亲手射杀森林之王——老虎。

打猎结束后，看着战果累累。兄弟们，敞开胸怀，来，喝酒，满上。人生得意须尽欢！就算头发花白，人变老了，又有什么关系呢？无论何时何地，遇到困难我都会积极面对，勇往直前！皇上啊，请给我建功立业的机会吧！我定会拉满硬弓，对着西北方向，射下天狼星（打败西夏）。

整首词犹如千钧一发的弓箭，又宛如奔涌向前的黄河，读完让人激情澎湃，斗志昂扬。

词即人生，词即性格。我们从中看到了一个不服输、不妥协的苏轼。

从此，情爱缠绵的宋词里有了一股豪放之气。

后来，苏轼在密州任期将满，尽管密州人民对他有万般不舍，他还是转任徐州的知州去了。

　　他到任不到三个月,黄河决堤,洪水冲向徐州城,水位不断上涨。眼看着城墙即将被冲毁,大家争相跑出城去。苏轼看到大家要跑出城,立刻下令关闭城门,战争还没打就跑,怎么团结一致向前冲?他紧急征召几千民工参加抢险,自己也天天住在城头上随时巡查险情,一副拦不住洪水誓不回家的架势。大家一看大领导都拼命了,我们也不能退缩啊!

　　于是大家万众一心,为了保护城墙,修筑了一道坚固的抗洪大堤,成功抵挡住了洪水。抗洪过后,苏轼得到全城百姓的拥护,并受到朝廷的嘉奖。

　　为了庆祝抗洪成功,他在徐州城北门上建造了黄楼(徐州五大名楼阁之一),准备在九月九日重阳节的时候举行庆功宴会,邀请朋友到此聚会。

　　好朋友王巩(字定国)接受邀请后,只给苏轼寄来了一些平时写的诗歌,诗中没说来也没说不来。苏轼心想,这个家伙不想来?好朋友不来,喝酒多没劲。于是他写了一首诗——《次韵答王定国》(次韵是指按照原诗的韵和用韵的次序来和诗,属于和诗的一种方式,也就是照着前面一个人的诗歌的形式和押韵重新再写一首诗作为回信。次韵对诗歌形式上的要求很高,是古代文人经常玩的一种文字游戏)派人送给王巩。在诗中他直白地写到"愿君不废重九约",意思是你一定要来啊!

　　收到信后,在重阳节这天,王巩如约而至。苏轼在黄楼上设宴招待王巩,两人连续十天饮酒赋诗、游山玩水、指点江山。离家久了,王巩有点着急,出来这么久,老婆孩子都还在家,总是有所牵挂。他想回去了。

　　苏轼不舍得朋友离开,又写了一首《九日次韵王巩》:

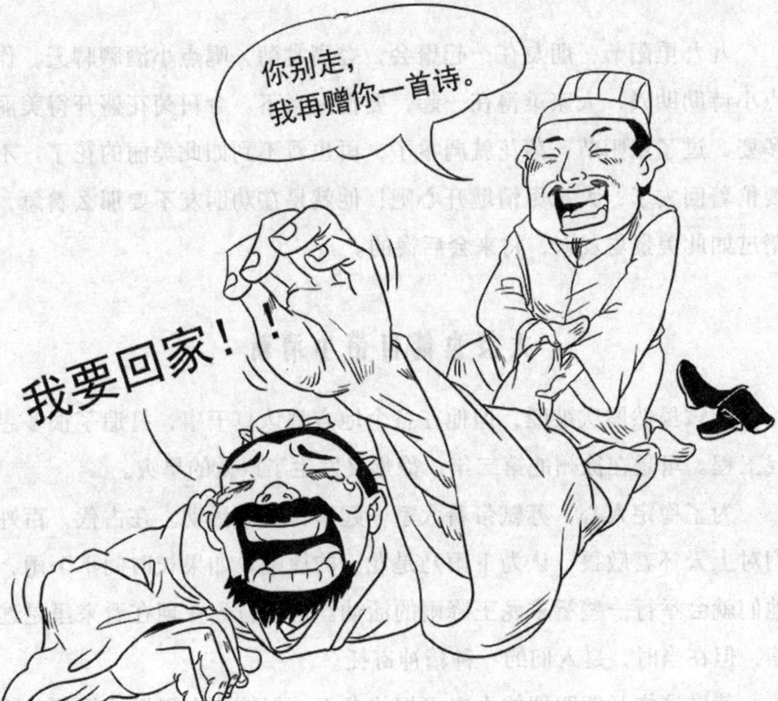
你别走，
我再赠你一首诗。
我要回家！！

我醉欲眠君罢休,已教从事到青州。
鬓霜饶我三千丈,诗律输君一百筹。
闻道郎君闭东阁,且容老子上南楼。
相逢不用忙归去,明日黄花蝶也愁。

九九重阳节,朋友在一起聚会,登高赏菊,喝点小酒聊聊天,作点小诗助助兴,大家难得在一起,要把握当下。今日菊花盛开得美丽多姿,过了重阳节,菊花就凋零了,再也看不到如此美丽的花了。不要忙着回去了,大家尽情地开心吧!他就是在劝朋友不要那么着急,错过如此美景与友人,将来会后悔的。

大叔也能自带小清新

苏轼虽然屡次被贬,但他在各个地方都认真干事,打造了很多惠民工程。可是在徐州的第二年,徐州又发生了严重的旱灾。

为了稳定人心,苏轼带着大家一起举行祈雨活动。在古代,百姓们对上天怀着敬畏,认为下雨乃是龙王的恩赐,如果长时间不下雨,他们就会举行一些祈求龙王降雨的活动。这种行为在现在看来虽是迷信,但在当时,是人们的一种精神寄托。

苏轼这样开朗明理的人未必相信龙王,但他认为积极地行动总比坐以待毙好,而且带领大家搞个团体活动也能安定人心嘛。

没想到,他们一祈雨,真的下雨了。他兴奋地写下《浣溪沙·徐门石潭谢雨道上作五首》,把求雨之后百姓的生活写进词中,词中第一次出现了农耕(不是农村)生活。这让原本伤春惜时、充满感伤的词牌《浣溪沙》有了清新的乡土气息。

我们来看看其中的三首,他是如何让原本不上台面的农耕生活变得质朴清新的？

第一首《浣溪沙·旋抹红妆看使君》：

旋抹红妆看使君，三三五五棘篱门。相排踏破蒨罗裙。
老幼扶携收麦社，乌鸢翔舞赛神村。道逢醉叟卧黄昏。

这首诗给人的第一印象是有山有水有村姑，山泉水有点甜。看完让人仿佛进入了唐诗的世界。

宋朝词人极少描写农民生活，苏轼却写得津津有味。对于描写农村风光的诗词采用画面重组想象法去赏析最合适。

乡下的村姑们没有看过名震天下的苏轼，也难得见到知州。大家匆匆打扮一新，在门前等候我（使君）的到来。"旋"用得很好，表示村姑化妆时只是速度很快地来回抹两下，一是能够表达出村姑们想见他的追切心情，二是能呈现出农村女孩的淳朴，不会施过多粉黛。女孩子们三五成群地挤着路边的篱笆门，纷纷往外探出头来。你推我挤，"苏大人来了没"？这时，突然有人大叫一声："谁把我的新裙子踩破了？"

村里老老幼幼手拉手，一起到打麦子的地方参加祭祀神仙的活动（古时候大家对上天充满敬意，觉得不尊敬天神，就会遭遇各种灾害。于是他们会在收过麦子之后举行祭神谢恩的仪式，周游街巷，并用仪仗鼓乐迎神等），摆放的祭品引来乌鸦、老鹰在天上盘旋不去。夕阳西下，黄昏时分，看完该回家了，在路上又遇到一个醉倒的老人。

读完我们眼前仿佛出现了一幅很多人一起手拉手庆祝丰收的场景，在这样的画面里，人怎么能不快乐？

宋词到了苏轼的手里，内容不再是哭哭啼啼，要死要活，而是变得趣味无穷。

龙王，我叫三声，你敢应吗？

为什么会这样呢？想要深入了解他在宋词方面的成就，得先从他的性格说起。

苏轼平时最看不惯墨守成规的人。他曾经跟理学家程颐同时给皇帝讲课，程颐讲究尊师重道的古代礼仪，给皇帝上课时还一本正经地坐在椅子上以老师自居。苏轼看到程颐的样子，忍不住开玩笑："你老人家真会摆谱子。"

这话得罪了脑子一根筋的程颐，你小子，跟我过不去是吧？

老宰相司马光去世的时候，朝廷官员们正好在参加重大节日的集体庆祝活动，得到司马光去世的消息后，准备一起去参加司马光葬礼的吊丧仪式。程颐站出来说："一天之内又歌唱又哭丧，这样不尊敬死者，也不符合古代礼仪。孔老夫子说过，一天之内要是为伤心的事哭过就不能看歌舞了。"

苏轼受不了程颐的呆板，又开了句玩笑："老程，你真是跟汉朝死脑筋的叔孙通一个德行啊！"

听到这句玩笑话，一大帮子同僚们哄堂大笑，他们也觉得程颐过于敏感了。

程颐听到别人笑话他，气得脸红脖子粗，从此跟苏轼杠上了。苏轼平常看到别人喜欢立牌坊，就会忍不住讽刺几句，常常弄得那些伪君子、道学家们在面子上挂不住。

苏轼就是这样，爱开玩笑，容易得罪人，却又乐观豁达容易想得开，能够放下文人的架子与老百姓打成一片。正因为这样的性格，他才敢于创新，突破艳词的范围。为什么词只能写男欢女爱、爱情艳遇呢？旅游、怀古、赠答、送别、说理、农村生活，为什么不能写？

为什么词一定要讲究严格的音律标准呢？非得让女人唱？男人不能唱吗？有人批评我的词格律不严谨，难道词一定要拿出来唱吗？像散文、诗歌一样留给后人看不行吗？跟唐诗平起平坐不好吗？

对，我要向传统和规矩发起挑战！我要改革创新，自成一派！

于是，词在苏轼的手中开始变得包罗万象，形式也丰富多样。

我们来看第二首《浣溪沙·麻叶层层檾叶光》：

麻叶层层檾叶光，谁家煮茧一村香。隔篱娇语络丝娘。

垂白杖藜抬醉眼，捋青捣𪎊软饥肠。问言豆叶几时黄。

这首词给人的第一印象是农民在田间劳动并快乐着。

雨后初晴，村外层层的檾麻叶泛着光泽。突然，整个村子香气四溢，不知道谁家传来了煮蚕茧的香味。隔着篱笆，缫丝（从蚕茧里抽出生丝）声和女子的谈笑声时不时传来。

须发花白的老人拄着拐杖，在用新麦的粉末制作干粮犒劳肠胃。他眯着眼睛，像是喝醉了酒。我跑过去关心地问："老人家，地里的豆子什么时候成熟啊？"

看来当时正值旱灾以后下了雨，大家的心情都不错。

农耕生活在苏轼的词里瞬间变得高大上，他把农村劳动的场景组合在一起，形成一幅幅生动的画面。

第三首《浣溪沙·簌簌衣巾落枣花》中几个简单的景象经过他的重组，也让人眼前一亮。

簌簌衣巾落枣花，村南村北响缫车。牛衣古柳卖黄瓜。

酒困路长惟欲睡，日高人渴漫思茶。敲门试问野人家。

枣花落、缫车响、老人卖瓜、路人讨茶，一片热火朝天、喜气洋洋的气氛。

微风吹过，枣树上的花发出簌簌的声音，飘落到路上行人的衣巾上。村南村北不断传出缲车（剥茧抽丝的机器）工作的声音，一片繁忙的景象。"村南村北"的结构类似"鱼戏莲叶东，鱼戏莲叶西，鱼戏莲叶南，鱼戏莲叶北"。也就是南边听听，大家在劳动；北边走走，大家在劳动。穿着粗布衣服的老人在古朴的柳树下叫着："卖黄瓜喽！"

太阳正高，天气炎热，路途遥远，我喝了点酒，有些犯困，并感到口渴，怎么办呢？随意敲开一家农户的大门，问道："能否给点凉茶喝？"

最后有没有要到凉茶，苏轼并未直说，但从词句中可以想象，他肯定遇到了友善亲切的接待。

枯燥单调的农村生活到了他的笔下，竟然如此有趣生动。

三首词的画面中处处融入了农民和作者的情感，我们读完仿佛能身临其境跟着里面的人一起开心，这就是诗词的最高境界——有意境。不光有清新的画面感，还让人有强烈的代入感。

宋词在"文坛一哥"苏轼的手上不再是被人看不起的文体，内容不再只是关于闲愁别恨，而是有了豪放与清新的风格。

苏轼一辈子随遇而安，今朝有酒今朝醉，管他东南与西北。尽管他一生坎坷，备受排挤，却一直豁达潇洒，因此写出来的词自带一股清新脱俗之气。

但是他的才华遭到了上天和敌人的嫉妒，他们给他安排了一场"与地狱使者对对碰"的游戏。

元丰二年（1079年）七月二十八日，大宋御史台（中央监查机构）的官员皇甫遵奉朝廷的命令从京城赶到湖州衙门，当场逮捕了刚刚转任湖州知州没多久的苏轼。

这是发生了什么事情？

我用词演唱"笑看风云"

自从王安石迫于压力退休回家，变法派就变了味，变法强国成了斗死强敌的手段。变法派和保守派双方都是碰到敌人就揍，都想把对方置于不利的局面。

变法派深入研究，突出重点，迅速行动，擒贼先擒王，谁名气大就先搞谁。名扬天下的苏轼光荣抢先进入了"抓早黑名单"。他们从苏轼的诗词里一个字一个字地抠，找出讽刺或疑似讽刺变法的句子，就上奏给宋神宗，看看，看看，苏轼太不像话了，我们在拼命干事，他却在一旁作诗讽刺。

目无君王，愚弄朝廷，嘲笑我们也就罢了，还敢嘲笑皇上，是可忍孰不可忍！不杀不足以平民愤。

气愤的宋神宗立刻下令御史台逮捕苏轼，把他押往京师。这次凡是传抄、阅读诗歌的人都受到了牵连。这就是北宋著名的"乌台诗案"（"乌台"即"御史台"，里面种植了很多柏树，乌鸦喜欢栖息于此，故称乌台）。

心灰意懒的苏轼在狱中写好"遗书"（两首绝命诗），托人交给弟弟苏辙。看来这一次要小命不保了。唉，才华不仅可以当饭吃，还能把命丢。

看到这儿，一帮老臣纷纷出来营救，连变法派的章惇也帮忙说情，最后退休在家的王安石上书宋神宗："安有圣世而杀才士乎？"意思是哪有盛世王朝滥杀才子的呢？大家只是政见不同，何必杀害忠良呢？

宋神宗听后点点头，觉得王安石说得有道理，于是火消了。老王的面子不能不给。

于是，经历一百三十天"狱中惊魂"的苏轼被贬到了黄州（今湖北省黄冈市）担任团练副使，团练副使是个挂名的虚职，不得参与地方的公事。领完工资，哪里凉快哪里待着去。

他还真找到了凉快的地方。

在朋友的帮助下，苏轼得到了黄州东边的一块荒地。大才子成了老农民，他亲自耕种，也能丰衣足食。乐观的苏轼将这块来之不易的荒地取名"东坡"，也给自己取了外号——东坡居士。从此，苏轼成了苏东坡。

一手抓物质文明，一手抓精神文明。不让我工作，我旅游总可以吧？写诗不行，写词总可以吧？

黄州城西北处的长江畔，有一座红褐色的陡峭石崖，形状像一个巨大的象鼻子，被当地老百姓称作赤鼻山或赤鼻矶。又因为这一整块大石头高高地竖立在江边，形成了悬崖峭壁，也被称为赤壁。这个赤壁与三国赤壁大战中的赤壁并不是同一个。三国赤壁在黄州以西，两个地方相隔一段距离。

这里江面开阔，水流奔涌，江水时不时撞击着赤壁发出轰隆巨响，犹如古战场上的呐喊声。赤鼻山的顶上，修建了栖霞楼、竹楼、月波楼等亭子。很多人在这里观赏江景，眺望远方，很容易联想起三国时期赤壁的古战场。

于是，赤鼻山成了当地有名的文化旅游胜地，文人、官员们纷纷前来吟诗作赋，抒发感慨。

站在高耸的悬崖，望着滚滚向前的江水，苏轼逸兴遄飞。当年，周瑜年纪轻轻就拥有了别人一辈子都得不到的幸福。不仅被君王孙权重用，面对曹操的百万大军，手持羽扇，头戴纶巾，从容淡定之中，就打得曹军灰飞烟灭。而且有美人小乔相伴，英俊潇洒，风度翩翩。

唉，出名要趁早。比起功成名就的周瑜，我却只剩下未老先衰的身体和花白的头发。人生好比一场梦，天上的明月，让我举起一杯酒，敬你。

大江东去，浪淘尽，千古风流人物。故垒西边，人道是，三国周郎赤壁。乱石穿空，惊涛拍岸，卷起千堆雪。江山如画，一时多少豪杰。

遥想公瑾当年，小乔初嫁了，雄姿英发。羽扇纶巾，谈笑间，樯橹灰飞烟灭。故国神游，多情应笑我，早生华发。人生如梦，一尊还酹江月。

《念奴娇·赤壁怀古》让豪放派在宋词中的地位妥妥地稳了。

乌台诗案以后，苏轼的思想转变很大。政治这个东西我玩不转，大自然的美景我看得来；写诗的风险太高，写词也许好一点。

于是他把精力集中到词上来，一不小心，开创了豪放派。

虽然创作了大量好歌词，但他总觉得有点遗憾：女粉丝始终没有柳永那么多。

到底为什么呢？难道我不够帅？还是不够有才？他有点不服气地询问一个善于唱歌的朋友："你觉得我的词和柳永比如何？"

朋友想了想，笑着答道："这么说吧。柳永的词，适合十七八岁的美少女，拿着打节拍的红牙板，张开樱桃小口，轻轻低唱，杨柳岸晓风残月。您的词呢，必须要虎背熊腰的大汉，弹着铜琵琶，拿着铁制的节拍器，张开大嘴巴子，高声呐喊，大江东去浪淘尽。"

苏东坡听完哈哈大笑，说得好形象，看来柳永比我的水平高啊。他的粉丝都是靓女而我的粉丝只有大汉。

但是，自从出现了他的豪放词，软弱的宋王朝也多了一丝纯爷们的气息。

苏轼一辈子起起落落，却始终没有意志消沉。他被贬谪到哪里，就游玩到哪里。反正地方官的工资待遇也不错，不如做个潇洒的超级大吃货、大玩家。他还顺便发明了很多旅游登山用品，如东坡帽、木屐登山鞋等。他还创新了很多菜的烧法，如东坡肉、烤羊蝎子、宏志鸡等，他要是开个东坡烹饪专修学院，绝对火爆。

这就是苏东坡，被贬又不是杀头，干吗执手相看泪眼？不如把吃喝玩乐变成诗词歌赋。

最初的宋词好比街头地摊上的烧烤，用来吃饭喝酒时助兴，地位肯定比不上唐诗那么尊贵。但是经过众多文人的创作，词开始变得典雅含蓄，慢慢从街头地摊走上了家庭餐桌。而东坡先生又让宋词从百姓的餐桌进入了经典国宴。

他大大拓展了宋词的内容领域，认为生活情趣、政治抱负、身世感慨、亲友情谊、农村生活、咏物、谈禅、说理等，没有什么不能写，没有什么不能吟。

他让宋词火出了娱乐圈，燃爆了文艺圈，能够与唐诗决战华山之巅，不分高下。他的学生们和崇拜者们也纷纷加入宋词创作的队伍，将宋词推到一个新的高度。

黄庭坚·身处逆境，不坠青云之志

"你难道不知道龙是天子吗？竟敢用"有同儿戏"来评论铁龙爪治河？分明就是在影射先帝！攻击先帝的治河功绩！"蔡卞等人好不容易抓到黄庭坚一个"把柄"，岂能轻易放过？

在这之前，他们已经翻遍《神宗实录》，把貌似"诋毁先帝神宗"的句子统统挑了出来，一条条地问罪。可是每条都被伶牙俐齿的黄庭坚一一破解、驳斥。

当看到"用铁龙爪治河，有同儿戏"的句子时，蔡卞等人的眼睛放光，这下深挖百尺，也得把你挖出来，看你死不死！

黄庭坚一声叹息！

原以为宋神宗、高太后相继去世后，改革派失势，朝廷就不会有党争了。没想到章惇、蔡卞等人上台后，打着宋神宗和王安石的旗号，看似在继续变法，实则在排除异己。他们夺掉了司马光、吕公著等人的谥号，贬走了吕大防、范纯仁、苏轼等人。现如今，还剩下一个虽不是保守派，但与保守派的司马光和苏轼都有交情的黄庭坚。可他向来与世无争，怎么弄倒他呢？

宋神宗死后，在司马光的推荐下，黄庭坚参与校对《资治通鉴》。因为卓越的史学才能，他被任命为检讨官参与编修《神宗实录》。没想到，他兢兢业业、呕心沥血完成的史学作品，却成了别有用心者攻击他的借口。

黄庭坚很无奈,但他不会逆来顺受。

"我当时在地方做官,亲眼看到过用铁龙爪(太监设计制造的一种效率很差的疏通河道的工具)那种东西来疏通淤泥,治理河道,本来就像小孩过家家嘛。有错吗?难道实录不该实事求是吗?"

蔡卞等人一时无语。他们在新继位的宋哲宗那里继续煽风点火,咬定黄庭坚目无先帝,含沙射影,关键是态度还不端正。

年轻的宋哲宗发怒了,对我老爸都不尊重,以后还会尊重我吗?

黄庭坚被贬为涪州别驾,安置黔州(今重庆市彭水县),他想起了童年、考科举的经历、母亲、老师苏东坡。

他从小就是典型的神童,书看几遍就能背诵。五岁的时候就把《五经》——儒家典籍《诗经》《尚书》《礼记》《周易》《乐经》——统统背了下来,还开启了凡尔赛式的炫耀。有一天,他问老师:"人家都说《六经》,为什么您只让我背诵《五经》呢?"

老师觉得你这小屁孩现在能读《春秋》吗?

既然叫经书,为什么不能读呢?十天,给我十天时间!

十天之后,众人惊掉下巴,黄庭坚把《春秋》一字不落地背下来了。

上天给予他的超高智商并未使他骄傲。长大后,他依然勤奋刻苦,还创造了属于自己的读书方法——对照审读法,也就是把古人或者他人修改前与修改后的文章放在一起,仔细对比研究,看看别人遣词造句、谋篇布局的方法,找出自身的差距。

第一次进士科考试失败以后,他得到一册宋祁编写的《唐书》最初草稿本,拿回去以后,他对照最终定稿仔细阅读,反复对比和揣摩,研究宋祁咬文嚼字和谋篇布局的技巧。有时他也将自己前后不同时间段写的文章进行反复对比,仔细修改。

渐渐地,他的科举应试作文——策论——水平大大提高,终于顺利考中了进士。

年轻的黄庭坚仰慕苏东坡的为人与才华,主动靠拢,与他书信往来。当年,苏东坡因"乌台诗案"被捕,许多见风使舵的人纷纷与他撇清关系,甚至对他落井下石:我们跟苏东坡不熟!

当时黄庭坚还从未跟苏东坡见过面,只是书信往来的"笔友",他完全可以与苏东坡撇清关系,我也跟苏东坡不熟!和他连面都没有见过!

可是,面对新党分子盘问的时候,他却坚定地回答道:"苏轼乃最了不起的文人,他绝对忠君爱国。"

豪言壮语一说完,他的工资被扣掉了一大半(受到了罚金的处分)。

黄庭坚对朋友两肋插刀,对母亲也不忘时时恪守孝道。

有阵子母亲卧病在床,他每天晚上亲自帮母亲洗刷大小便桶(古人没有抽水马桶)。别人看到后摇摇头说:"你现在已经是朝廷命官了,手底下有那么多仆人,何必自己刷屎盆子?岂不有失朝廷的脸面?"

他立刻反驳道:"笑话!孝敬父母是我的本分,不管做多大的官,我都心甘情愿服侍自己的母亲,和朝廷的脸面有什么关系?"

无论对老师、百姓,还是母亲,他都坚持住了原则,做到了无愧于心,对宋神宗、宋哲宗也是如此。

即便后来被贬到黔州,黄庭坚仍然很快释然,该做的我都做了,你们硬要玩文字游戏,我也懒得跟你们扯。

只是黔州过于湿润的气候让他有些无法适应,这里的天好像被谁捅破了,白天下雨,夜晚下雨,到处是雨,遍地是水。他每天被困在家里出不去,感觉自己如同待在一条破船上,摇啊摇,晃啊晃,只盼这样的天气赶快结束。

等到重阳佳节来临,天气忽然放晴,他觉得双喜临门,值得庆贺,于是命人在江边摆上好菜、美酒,畅饮狂欢!

他想起老师苏东坡的《定风波·莫听穿林打叶声》:

莫听穿林打叶声，何妨吟啸且徐行。竹杖芒鞋轻胜马，谁怕？一蓑烟雨任平生。

料峭春风吹酒醒，微冷，山头斜照却相迎。回首向来萧瑟处，归去，也无风雨也无晴。

词牌《定风波》原指平定社会动乱，非常适合现在的心境嘛。

开心的黄庭坚也写下一首《定风波·万里黔中一漏天》：

万里黔中一漏天，屋居终日似乘船。及至重阳天也霁，催醉，鬼门关外蜀江前。

莫笑老翁犹气岸，君看，几人黄菊上华颠？戏马台南追两谢，驰射，风流犹拍古人肩。

你们大家不要取笑我这个糟老头子，我虽然年迈，但豪情还在。你们见过哪个老人头上插着菊花？我就是这么有个性！你们听过几首美好的诗词？我就是这么有才华！你们看过几个百折不挠的人？我就是这么淡定！

将来，我还要骑马射箭，纵横驰骋，气概绝对不输那些英雄人物！

辛辛苦苦已度过半生，如今重又走进风雨，我不能随波浮沉。看成败，人生豪迈，只不过是从头再来。

身处逆境，黄庭坚依然不坠青云之志，他学到了老师苏东坡的精髓。但是，有的老师的学生中也有叛逆分子，他抛开老师的风格，自成一派，将爱情流行词写得高大上。

秦观·爱情流行乐也可以写得高大上

荒郊野外，微风细雨，坐在马车里的老人想起自己的一生，为什么我过得如此曲折？我从小聪明好学，博览群书，下笔如有神。年轻时，我也是偶像派兼实力派选手，人气直逼歌坛前辈柳永。我每次出场，必定赢得歌伎们的尖叫声。填出来的词墨汁还没干，就被人抢去演唱，常年稳居各大城市歌曲排行榜第一名。要是回到当年，我也许不会做这个鸟官，每次屁股还没坐稳，就被人赶了出来……

"停车，停车！"他在马车里喊道。

"怎么了，大人？"贴身仆人问道。

"我口渴，你去打点水来。"

老人上路之前喝了不少酒，现在他嘴巴干燥，胸中烦闷，可是抬起头，顺着仆人的背影望去，他看到远处升腾起白云，深山中传来鸟声。这个画面他觉得似曾相识。嘿，这个场景怎么跟我曾经梦中见到的一样啊？不对啊，之前写词的时候，我没来过这里啊。

他打开不久前写的一首词——《好事近·梦中作》：

春路雨添花，花动一山春色。行到小溪深处，有黄鹂千百。
飞云当面化龙蛇，夭矫转空碧。醉卧古藤阴下，了不知南北。

一场春雨过后,山路上增添了许多鲜花。不用"开"而用"添",是因为路上本来就有鲜花,春雨过后又增加了不少。鲜花在风中摇曳摆动,竞相绽放,让整座山充满了春色。"动"字将山写得很有灵性,山与花仿佛同时在舞动。我走到小溪深处,听到无数黄鹂鸟叽叽喳喳地啼叫。

抬眼望去,云朵千变万化,瞬间就变成了奔腾的龙蛇在碧蓝的天空中舒展自如。喝醉的我躺在古藤底下,一时不知道东南西北,今夕是何年。

老人看着词,又望了望前方,我来过这里吗?奇怪。为什么我感觉身体变轻了呢?像是要飞向天空,到底怎么回事……

"大人,大人,您怎么了?"仆人端来泉水,发现老人躺在一棵古树下,面带微笑,去世了。

从这首词来看,词风倒是有几分豪放派的风格,但作者是个实打实的婉约派。

词人的名气很大,大到什么程度呢?连家人都跟着他沾光。有一次,他的女婿范温去参加宴会,主人家有个特别受宠的歌伎,懒得搭理老实巴交、不善言辞的范温。当范温自我介绍亮出老丈人的名字时,歌伎立马堆起笑容,吵着要他岳父的签名与新词。

那个时候,大街小巷,谁都会哼上几句他的歌词。甚至有个女人被金兵抓住,竟然谎称是这位词人的女儿,因为金人也是他的狂热粉丝。这个女人想着金兵说不定会冲着他的名气,放了她呢。

谁让他的名字叫秦观呢。

他有两首词把爱情中的离别写得特别凄美,先看《鹊桥仙·纤云弄巧》:

纤云弄巧,飞星传恨,银汉迢迢暗度。金风玉露一相逢,便胜却

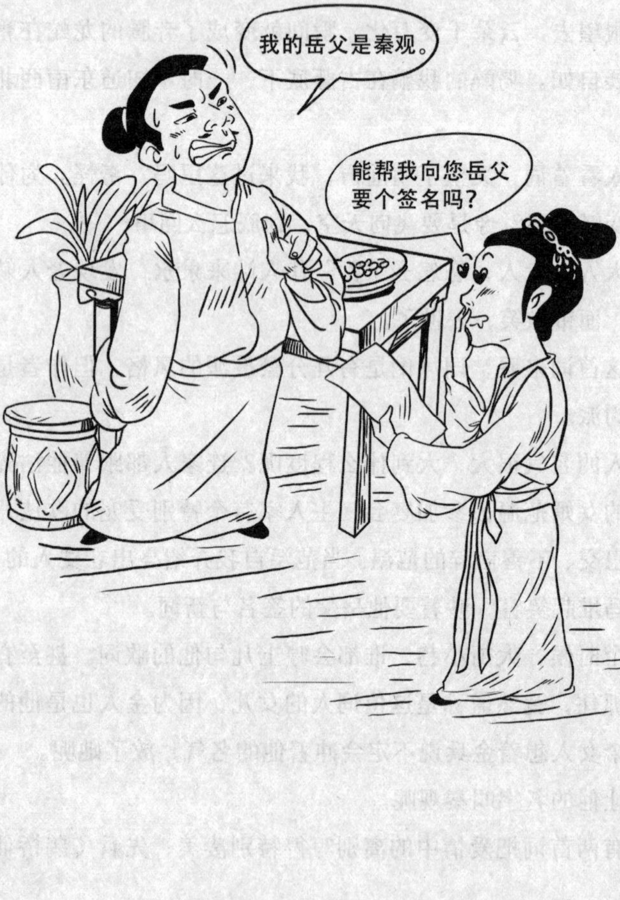
我的岳父是秦观。
能帮我向您岳父要个签名吗？

人间无数。

柔情似水,佳期如梦,忍顾鹊桥归路。两情若是久长时,又岂在朝朝暮暮。

还有《满庭芳·山抹微云》:

山抹微云,天连衰草,画角声断谯门。暂停征棹,聊共引离尊。多少蓬莱旧事,空回首、烟霭纷纷。斜阳外,寒鸦万点,流水绕孤村。
销魂当此际,香囊暗解,罗带轻分。谩赢得,青楼薄幸名存。此去何时见也?襟袖上、空惹啼痕。伤情处,高城望断,灯火已黄昏。

秦观年轻的时候参加科举,两次都没考上。当时天下流行"苏文熟,吃羊肉,苏文生,吃菜羹"的说法,苏轼的文章成了科举考试的经典范文。跟着苏东坡,考试走上坡。

于是,秦观主动拜在苏轼门下,学习文章技巧。经过东坡先生的鼓励与点拨,三十多岁的秦观终于考中了进士,做了地方县令的主簿,又经过苏轼的大力推荐,升任中央官员。

可惜身处王安石变法的漩涡中,新旧两派斗得死去活来,老师被贬,他也跟着被贬。浮浮沉沉几十年,好处没捞到多少,诬陷迫害倒是收获满满。

但是,每一次被贬,他的词就会更上一层楼。他被苏轼推荐到中央任职,好不容易进入秘书省(专门管理国家藏书的中央机构,类似于中央档案馆、国家图书馆等)当了个小官,却因为在私生活方面不拘小节,又时不时混迹青楼为歌伎们填词,很快受到了所谓正统人士的不满,在党争之中被人诋毁"不检"。秦观于是领着"行为不检点"的"荣誉证书"去了杭州任通判。

离别之际，杨柳迎着春日轻轻摇摆，他泪如雨下，写下了《江城子·西城杨柳弄春柔》：

西城杨柳弄春柔，动离忧，泪难收。犹记多情、曾为系归舟。碧野朱桥当日事，人不见，水空流。

韶华不为少年留，恨悠悠，几时休？飞絮落花时候、一登楼。便作春江都是泪，流不尽，许多愁。

我要走了，却见不到曾经为我拴系小船的你。当时我离开京城的时候，有绿色的原野，红色的桥，还有一个楚楚可怜、温柔体贴的你。可是现在，你已不在，只有城外河水孤独而落寞地流淌。

青春啊，不会为任何人停留，一旦失去，再也唤不回来。离别的痛苦，何时才是个头啊？柳絮从我身边飞过，花朵在我脚边落下。以前的这个时候，我们携手而行。如今，只有我一个人独自登上楼台。远处的江水呦，就算把你都化作我的泪水，也流不尽我内心这么多的忧愁！

将要离开大都市，前往陌生的地方，总有些许的不舍。再次漫步京城的街头，看着蝴蝶飞舞，桃花盛开，一切都那么热闹，可热闹是他们的，跟我有什么关系？望着眼前的一切，他又写下了《望海潮·洛阳怀古》：

梅英疏淡，冰澌溶泄，东风暗换年华。金谷俊游，铜驼巷陌，新晴细履平沙。长记误随车。正絮翻蝶舞，芳思交加。柳下桃蹊，乱分春色到人家。

西园夜饮鸣笳。有华灯碍月，飞盖妨花。兰苑未空，行人渐老，重来是事堪嗟！烟暝酒旗斜。但倚楼极目，时见栖鸦。无奈归心，暗随流水到天涯。

梅花渐渐稀疏，河冰开始融化，东风也变得温暖。想当年，三五好友，同游金谷园，漫步铜驼街巷。雨过天晴，轻踩细沙，美人的车驾徐徐而过，飘来一阵芳香，肯定是个天姿国色的佳人呢！我们的腿脚不由自主地跟上去，嘿，过了半天才反应过来，我们跟错车了！柳絮飘飘，蝴蝶曼舞，桃花千娇百媚，宛如青春少女羞涩的面庞。它们都争着将春色送进千家万户。

难忘啊！怀念啊！京城西园的夜晚想起胡笳声，花灯遮住了月色，车水马龙，人头攒动。如今春色依旧，可我早已身心疲惫，无心欣赏。相同的地点，不同的心情，唉，命运为何如此捉弄人？暮色里，酒旗斜，孤独的我，靠着楼上的栏杆远望，只看见睡得正香的乌鸦。何时才能归来？我也不知道，就让回家的这点小小心愿随着流水，跟我一起到天涯海角吧！

好不容易被老师举荐进入官场，没想到椅子还没坐热，就被人抓住了小辫子。难道想治国平天下就这么难吗？备受打击的秦观有些落寞，写出来的词也带着隐隐约约的感伤。

从这两首感伤词中，可见秦观写词的功力。他刚开始以柳永词为榜样，创作了大量的慢词，但又去除了柳词的浅显。长期处于官场的底层，让他的词中没有晏殊、欧阳修的闲情雅致；内敛脆弱的性格，让他的词中没有老师苏东坡的洒脱与豪迈。

后来，苏轼重新被朝廷起用，担任翰林侍读学士、礼部尚书。他又推荐了自己的四个学生秦观、黄庭坚、晁补之、张耒到国史院任职，人称"苏门四学士"。也正是"苏门"的标签让他又一次被贬。宋哲宗亲政以后，"新党"人士章惇、蔡京上台，"旧党"陆陆续续下台。

秦观被贬到了遥远的雷州（今广东省西南部）。年迈的他心灰意懒，无法解脱，提前准备好了哀悼自己的挽词，抢先对阎王爷伸出了热情的手。

宋徽宗继位后，大赦天下，恩师苏东坡从海南岛返回京城。秦观也复命宣德郎，被放还横州，他收拾行装踏上了回家的路，经过藤州（今广西藤县）时，出现了古藤底下梦幻的一幕——五十一岁的大才子踏着云朵升上了天空。

秦观虽是苏东坡的学生，却是一个典型的婉约派，并未学习豪放派的词风，他因此没少受老师的批评。但后世对秦观词的评价很高，清朝《四库全书总目提要》称其作品"情韵兼胜，在苏、黄之上"，认为他的词要胜过苏轼和黄庭坚。清代诗人李调元甚至认为秦词"首首珠玑，为宋一代词人之冠"。为什么会这样呢？

秦观最突出的成就是让张先、柳永等人试验性的慢词走向了成熟。慢词在他的手上，实现了由"天然美"向"人工美"的过渡。他选字脱离了市井俗气，注重能产生典雅含蓄的效果，选景追求画面精致优美，有现代朦胧诗的味道。长调慢词在他手上从天然画变成了工笔画，虽注重技巧与手法，但并不故作高深，内容始终贴近百姓的生活，好比让小家碧玉的女子穿上了华贵绚丽的外衣，让人感觉更有气质与内涵了。

他因此拥有了众多的粉丝——大家发现，爱情流行乐也可以写得高大上。

虽然秦观没有沿着老师的路子前进，但是越来越多的人沿着苏轼开辟的豪放派道路进行了新的尝试，带来了一股霹雳游侠风。

贺铸·我很丑，但我很温柔

他，豪放起来，写词带风，气势如虹；他，婉约起来，词曲哀怨，缠绵悱恻。

他，皮肤青黑，奇丑无比。

如果不是出身名门，又娶了皇室之女，以他的奇特长相和暴躁的脾气，估计连工作都找不到。

他就是人称"贺鬼头"的贺铸。

历朝历代，都有拼祖宗的制度，贺铸自然也继承家族"产业"，成了武官。但他因嫉恶如仇、性格直爽，得罪了很多不该得罪的人。

他曾经有个贵族身份的同事，那个同事骄傲自大，目中无人，手脚还不干净，时不时拿点单位的公共财物。怎么办？总不能没人管吧？

打抱不平的贺铸经过暗中调查，收集证据，准备给同事点颜色瞧瞧。

一天，他直接把那个贵族子弟关进小密室，拿起一根棍子，凶狠地说道："过来！"

同事看到贺铸那张脸就够可怕的了，又听到他凶狠的声音，瞬间感到惊恐万分，这是要干啥？

贺铸立即拿出证据，然后严肃地说道："如果让我打你几下，就

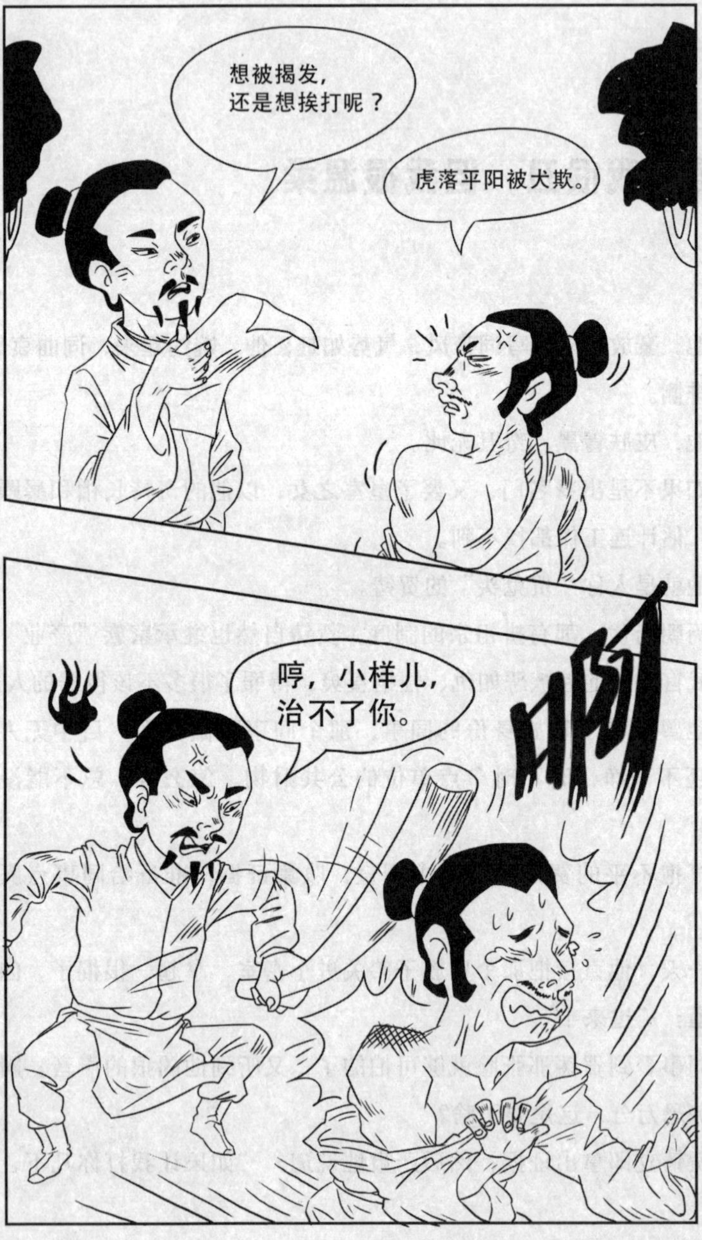
想被揭发，
还是想挨打呢？
虎落平阳被犬欺。
哼，小样儿，
治不了你。
啊

不揭发你了。怎么样?"

贵族子弟看到证据后,害怕极了,"贺鬼头"不按常理出牌啊。如果我说你去揭发吧,无所谓,岂不激怒他?还不得把我打得屁股开花?

唉,虎落平阳被犬欺,如今遇到阎王爷,算我倒霉,直接挨打吧!

于是对方主动脱掉衣服,露出了肩背与屁股。

贺铸笑了,这厮还挺自觉。我可不会可怜你!他操起棍棒,随着棍棒重重落下,一阵杀猪声响彻黑屋:"哎哟,贺老大,饶了我吧!我再也不敢了!"

平日高高在上、目中无人的小年轻就这点出息?这就求饶了?

贺铸哈哈大笑,扬长而去。哼,贵族!

从此以后,那些仗势欺人的贵族子弟们看到贺铸都会绕着走,看到他头都不敢抬。谁敢跟他对着干啊?

年轻时候的贺铸,为人豪爽,仗义疏财,斗酒十千,策马而行。也正是他这种天不怕地不怕的性格,让他的词里有了一份独特的游侠气质。宋哲宗当政时期,王安石变法成果毁于一旦,朝廷又开始对外屈膝求和,贺铸忍无可忍,写下一首《六州歌头·少年侠气》:

少年侠气,交结五都雄。肝胆洞,毛发耸。立谈中,死生同。一诺千金重。推翘勇,矜豪纵。轻盖拥,联飞鞚,斗城东。轰饮酒垆,春色浮寒瓮,吸海垂虹。闲呼鹰嗾犬,白羽摘雕弓,狡穴俄空。乐匆匆。

似黄粱梦,辞丹凤;明月共,漾孤篷。官冗从,怀倥偬;落尘笼,簿书丛。鹖弁如云众,供粗用,忽奇功。笳鼓动,渔阳弄,思悲翁。不请长缨,系取天骄种,剑吼西风。恨登山临水,手寄七弦桐,目送归鸿。

从"肝胆洞、毛发耸、斗城东、摘雕弓"等词语中，我们可以想象出一个骑马打猎、喝酒交友、"路见不平一声吼，风风火火闯九州"的少年豪侠。从"黄粱梦（黄粱一梦）""渔阳弄（安史之乱）"等典故，可以看出贺铸对朝廷对外政策的不满与担忧，他认为再这样下去，国将不国啊！

"不请长缨、剑吼西风"，我无路请缨，只能拔剑怒对西风，大吼一声，谁能让我上战场，杀他个干干净净？唉，呐喊之后无人理睬，只能彷徨。手拨琴弦，目送归鸿。

一身武艺，毫无用处，那就去当文官吧。

贺铸学识广博，诗词歌赋更不在话下，尤其擅长改编别人的曲子。任何不红的曲子，经过他的改编，都能瞬间爆红娱乐圈。既有武官胆略、又有文官才华的他，因此受到了宰相李清臣的推荐，让他做了泗州通判。

武官变成了文官，性格却未变。贺铸因性格暴躁、喝酒误事始终得不到升迁，这让他感到郁郁不得志。好在贤惠的妻子赵氏一直陪在他身边。

赵氏乃宋太祖赵匡胤的四弟赵廷美的后代，自从宋太宗赵光义取代哥哥上台后，便时时防着弟弟们，万一他们哪天也效仿我呢？

赵廷美被一贬再贬，去了地方。可是无论如何，瘦死的骆驼比马大，妻子赵氏也算皇家千金。但她并不嫌弃贺铸丑陋，嫁给贺铸后，她认真操持家务，没有怨言。两个人很是夫妻情深。

后来赵氏先走一步，去了天上人间。晚年的贺铸也厌倦了工作的烦琐，辞职出走，来到曾经与妻子共度美好时光的苏州定居。可此时，景色依旧美，人却已不在。

老婆，我好想你。一首《鹧鸪天·重过阊门万事非》送给你：

重过阊门万事非,同来何事不同归?梧桐半死清霜后,头白鸳鸯失伴飞。

原上草,露初晞。旧栖新垄两依依。空床卧听南窗雨,谁复挑灯夜补衣。

我来了,你却已经不在。我好像那遭过霜打的梧桐树,半生半死;又好像那失去伴侣的鸳鸯,缓缓飞行,孤独寂寞。

一眼望去,绿草上的露珠刚刚被太阳晒干,仿佛我干涸的泪痕。白天,我徘徊在埋着你的坟墓周围;晚上,我独自坐在我们曾经同住过的卧室。躺在空荡荡的床上,听着窗外的凄风苦雨,愁绪犹如鬼魂缠绕着我。

咦?我好像看到你在灯光下为我缝衣服,老婆,老婆……

为什么你听不见我的呼喊?为什么你留下我一个人?

从这首词中,我们看到了这位游侠温柔多情的一面。

晚年的贺铸离开了纷纷扰扰的官场,闭门在家,以美景相伴,以读书为乐,亲自校对一万多卷藏书。他虽然没什么钱,倒也过得自由自在。

可是,时间长了,他又不免感到寂寞。

于是晚上睡不着的贺铸,走到窗前提笔写下了《青玉案·凌波不过横塘路》:

凌波不过横塘路,但目送、芳尘去。锦瑟华年谁与度?月桥花院,琐窗朱户,只有春知处。

飞云冉冉蘅皋暮,彩笔新题断肠句。试问闲情都几许?一川烟草,满城风絮,梅子黄时雨。

一天，我与一位年轻貌美的女子擦肩而过，哇，好美！她走路带风，脚步轻盈，犹如一朵绽放的丁香花。可惜她不走过来，我也不好意思走过去，于是只能落寞地目送她飘然而去。

她有没有男朋友呢？住在哪里呢？她是小家碧玉，还是大家闺秀呢？唉，只有春风才知道她居住的地方。

我这是怎么了？老婆如果还在身边该有多好。

夜晚将要来临，城郊野外，夕阳西下。飘扬的云彩时而卷起，时而舒展。唉，又是一个不眠夜。若要问我愁绪有多长，苦闷有多深，就像那烟雨蒙蒙下一望无际的野草，永远看不到边际；也像那满城纷飞的柳絮，不知道将要飞到哪里；更像那梅子成熟时候的细雨，连绵不绝，无法停止。

贺铸在这首词中把朦胧的爱情与思念写得清新动人。烟雨蒙蒙的绿色野草、飘扬纷飞的白色柳絮、雨点拍打的黄色梅子，"绿白黄"三色调和，仿佛构成了一幅高雅的水彩画。

丑男温柔起来也让人扛不住！

贺铸虽然长得丑，但他用事实证明了人丑并不影响才华的发挥。

下面这一位会在别人嘲笑自己的长相时，写一首豪放词反击回去，这样的反击方式既高大上，又很有力！

侯蒙·青铜也能成王者

"哈哈哈,就他?那个丑鬼?他要能考上,老子把头砍下来给你们做尿壶!"一位个子比较高的年轻人鼻腔里发出不屑的声音。

"来,来,过来,我们捉弄捉弄他,如何?"几个年轻人在一个腆着肚子的人的指挥下,聚到一起,窃窃私语。腆着肚子的人想了一个整人的好主意,大家听后频频点头:"不错,不错,你小子够损!哈哈。"

几个人分完工,开始制作大风筝,风筝上面画着一位奇丑无比的书生头像,众人围着作品哈哈大笑。

"画得不错,那丑鬼有这么漂亮吗?真是抬举他了!"

"有句俗话叫'丑人多作怪',你们瞧瞧他那傻样!考了几次都没考中,还天天拿着书装模作样。"

"是的,是的,癞蛤蟆还想吃天鹅肉,他以为只要勤奋就能考上,笨人怎么可能呢!"

围观群众你一言我一语地讽刺着画上的人物,他们在嘲笑别人的过程中享受着片刻的自我陶醉。

这时,一位书生走过来,看到了画上的自己,怒火中烧,捏紧拳头,想要上去揍扁那些人的鼻子,撕烂他们的嘴巴,可是他使劲地咬了咬牙,忍住了。如果现在拼命,将来的科举考试怎么办?被人说成丑鬼没关系，说成问题青年，科举的政审环节肯定都过不了。

唉，我忍，我忍！当你处于社会底层的时候，跟那些讥讽、嘲笑你的人讲大道理，有什么用呢？只有自己默默锻炼本领，把他们远远地甩在后面，才能让他们永远闭嘴。

他镇定地走过去，轻轻拨开人群，笑呵呵地说道："只有画，没有词，怎算好创意？我来为你们的画填首词！"

书生拿起笔"唰唰唰"，一首《临江仙·未遇行藏谁肯信》瞬间完成：

未遇行藏谁肯信，如今方表名踪。无端良匠画形容。当风轻借力，一举入高空。

才得吹嘘身渐稳，只疑远赴蟾宫。雨余时候夕阳红。几人平地上，看我碧霄中。

当我告诉别人自己多次科举考试失败，才华不被朝廷发现而想隐居的时候，谁又肯相信我呢？失败者说什么都没有人认可。今天你们无缘无故地将我画在风筝上，那我就借着强风之力，扶摇直上九万里。看，原本摇摇摆摆的风筝慢慢地平稳了，飘啊飘，我要跟随它一起飞往月宫。此时正好雨过天晴，夕阳西下，彩霞满天，站在平地上的那些人，看我如何在高空中骄傲地飞翔吧！

这位书生名叫侯蒙，是山东人，生下来就奇丑无比！但他从小博览群书，填词赋诗无一不精。只是参加了几次科举他都没有考中，这就被家乡的人当成了茶余饭后的笑料。好在他善于调整心态，乐观地面对一切挫折，终于在三十一岁的时候考中了进士。

凭着踏实能干的工作作风和谦虚低调的性格修养，他如同风筝，扶摇直上，从小小县令一路高升，直至升任为中书侍郎。

后来，奸臣蔡京把持朝政，如日中天，侯蒙得罪了蔡京，被贬到了地方担任知府。

宋江起义的战火快要烧到京城的时候，他上书皇帝，给出采用招安政策的建议：让宋江前去攻打方腊，让他们两败俱伤。从军事谋略的角度看，这个方法很高明，虽然在当时并未实现（起义很快被镇压下去），却被施耐庵在小说《水浒传》中写了出来。宋徽宗看到奏疏，非常感动，还是爱卿对我忠心哪。他远离朝廷，依然关心国家大事，这样的干部要提拔！然而此时，侯蒙已经不能担任官职了，因为他已经去世了。

侯蒙不是有名的词人，但是他或多或少受到了苏东坡豪放词的影响。苏轼让宋词这道"地摊烧烤"的香气、味道大大改善，名气飞速提升，但是卖相还不够好，外在的颜色（音乐格律）这块还差点意思。他忽略了词的演唱功能，所以苏词在娱乐圈的销量不佳。贺铸虽然改编歌曲，精通音乐，但他并不以此为业，只是偶尔玩玩。侯蒙也不是专业词人，写词只是他工作之余的一个小爱好。

有了身份与地位的宋词在呼唤，在呐喊，我们需要一位高手来包装，提高销量，打开市场。时势造就英雄，有位大神又给宋词燃起一把小火，大大提升了宋词的音乐效果与市场销量，成了婉约派的公认宗师。

他又是谁呢？

周邦彦·专业导师带你聆听宋朝好声音

因为专业，逃过一劫

相传，周邦彦成了京城名妓李师师一心仰慕的男人，这让钟情于她的宋徽宗醋意满满，哼，这小子不想活了，敢和我抢师师？

于是没过多少天，周邦彦就被贬出了京城。

后来宋徽宗趁着夜色去来找李师师，可是，李师师不在！她到哪里去了呢？难道不知道朕要来？他等到深夜，才看到面容憔悴的李师师回来。怎么哭了呢？

"你去哪里了？"

"臣妾，臣妾，去为他送行，不知道您要来。"李师师的眼泪让宋徽宗内心的醋坛子打翻了，她，她居然为了周邦彦而哭，为什么？为什么？难道他比我帅？难道他比我有才？

虽然心里不高兴，他还是假装大度地问道："他写新词给你了吗？"

"嗯，有一首《兰陵王》。"

"哦？《兰陵王》？唱来听听。"宋徽宗第一次听到这个词牌，顿时来了兴致。

李师师感觉事情可能还有挽回的余地，立刻张开樱桃小口，轻唱起来：

柳阴直，烟里丝丝弄碧。隋堤上、曾见几番，拂水飘绵送行色。登临望故国，谁识京华倦客？长亭路，年去岁来，应折柔条过千尺。

闲寻旧踪迹，又酒趁哀弦，灯照离席。梨花榆火催寒食。愁一箭风快，半篙波暖，回头迢递便数驿，望人在天北。

凄恻，恨堆积。渐别浦萦回，津堠岑寂，斜阳冉冉春无极。念月榭携手，露桥闻笛。沉思前事，似梦里，泪暗滴。

宋徽宗听完不禁感叹，好一首送别词，格律严谨，情感曲折萦回，也只有周邦彦能写得出来。

正午时分，烟雾朦朦，一排排柳条垂直落下，随风摆动，"弄"字，让人感觉柳枝仿佛有了人的感情，正在轻轻抚弄着碧水。古老的河堤上，柳枝曾经多少次在柳絮飞舞中送走离别的人。每次登上高楼，远望故乡，谁又能认识我这个在京城游荡的疲惫之人呢？离别的长亭上，年年岁岁，又送走了多少伤心的人，我折断的柳条都成千上万了吧。

趁着闲暇来到郊外，寻找我们曾经游玩过的踪迹，不料又碰到别人在送行，我举起祝福的酒杯，听着哀伤的音乐，在灯光的照耀中离开。驿站旁边的梨花已经盛开，寒食节（古人这段时间吃冷食）又快到了，"催"字让人感觉时间飞快。我满怀愁绪送你离开，你的船像箭一般飞快前行，船夫将一半竹竿插进温暖的水波里，撑着船快速前进。船上的你一回头，却已经走过了好多个驿站，再也看不到心上的人儿，远望北方，视线已经模糊，什么也看不到，什么也听不到。她在哪里，她在哪里？

悲伤的心情重重地堵在我的胸口。送别的河岸曲折萦回，我走走停停，渡口的古堡寂静无声，斜阳懒懒地挂在半空中，春天的味道越来越浓了。想起那时的我们，手拉手，在柔和的月光下，静静地听着悠扬的笛声，慢慢地走向挂满露水的桥头。想起曾经的画面，好像在梦里，梦醒了，你我早已天各一方，只能独自默默地流泪。

宋徽宗听完《兰陵王·柳阴直》，认为周邦彦的才华的确很惊人，不由得佩服情敌的才华横溢。这个周邦彦，不仅把男女离别之情写得如此细腻深刻、缠绵悱恻，而且唱起来音律和谐、悦耳动听。人才，人才啊！正好我刚刚成立了顶级音乐机构——大晟府，组建了大宋皇家乐队，让他给我的皇家乐队弄点好音乐、美歌词。

于是他任命周邦彦提举（宋朝设立的官职，专门主管特种事务）大晟府。

就这样，周邦彦成了皇家乐队的实力主唱与颜值担当，有机会也有财力收集各家各派的诗词和遗失的乐谱。他深入分析他人的优缺点，吸收各派高手的精华，兼收并蓄，为己所用，对于别人的缺点，他要么尽量避免，要么果断抛弃。

周邦彦、宋徽宗、李师师的三角恋故事曾经霸榜京城娱乐八卦的头条。一传十，十传百，成了后人皆知的秘密。至于故事是否属实，只有他们三人知道，谁也说不清，谁也说不明，也许有，也许没有。

皇家乐队的实力与颜值担当

周邦彦生于宋仁宗时期，从小刻苦读书，知识渊博，但周围的人评价他生活放浪，不拘礼节，其实不受烦琐规矩束缚的另一面就是敢于创新。

周邦彦做太学生的时候，为了引起朝廷的重视，他向宋神宗献上长达七千字的《汴都赋》，一时轰动京城。

皇帝一看，这小子不错，暂且不管赋写得如何，他讨好的方式就很有新意，于是直接提拔周邦彦为太学正（类似于学校里的教导

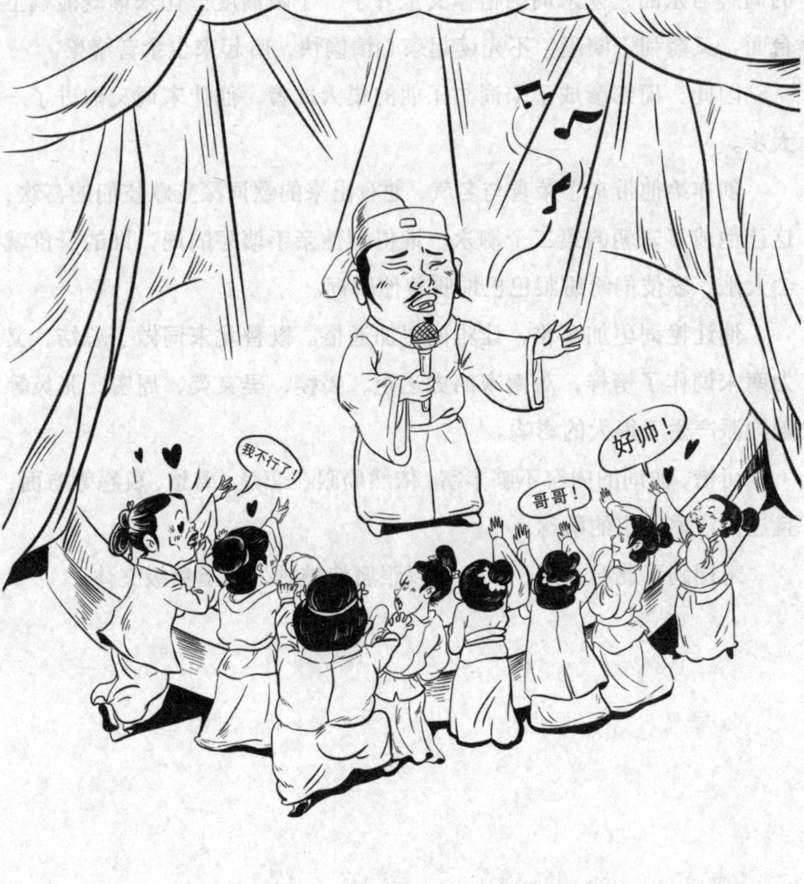
我不行了!
哥哥!
好帅!

主任）。

　　写词时，精通音律的周邦彦研究词牌和曲调，想着既然词作的内容已经被前辈高手们玩了个遍，我就在艺术技巧上出奇制胜、自立门户。于是他创造出《六丑》《华胥引》《花犯》《隔浦莲近拍》等新的词牌与乐曲，让宋词的格律又上升了一个新高度：让宋词既能端上台面，又能利于演唱，不光读起来心情愉快，听起来也余音绕梁。

　　因此，周邦彦成了宋词与乐曲的集大成者，他让宋词又前进了一大步。

　　创作给他带来了荣誉与名气，他写出来的歌词深受歌伎们的喜欢，这让他成了宋朝的第二个柳永。谁得到他亲手填写的词，谁的身价就会大涨，歌伎们纷纷眼巴巴地盼着他填词。

　　他让艳词更加高雅，让雅词更加通俗。既替北宋词做了总结，又为南宋词作了榜样，对南宋的史达祖、姜夔、吴文英、周密、张炎等婉约派产生了很大的影响。

　　可惜，他词的内容不够丰富，依然局限在恋爱、离愁、哀怨等方面，且过分注重文字的雕琢。

　　宋词到了此时，终于成为可以跟唐诗排排坐的重量级文体。

朱敦儒·我从北宋走到南宋，不容易啊

去还是不去？去？我一辈子的名誉岂不毁于一旦？不去？秦桧那厮会不会对我的儿子下手？他为什么偏偏选中我啊？

唉，老年的朱敦儒陷入了两难的境地。皇帝身边的红人秦桧抛来了橄榄枝，以他的性格和作风，非得打通"最后一公里"，把罪名打包好，"快递"送上门，再把我拉进城。那厮砍岳飞都可以"莫须有"，砍我还不是"有没有重要吗"？

我已经一把老骨头了，随时可以去天上游山玩水，可是孩子们怎么办？

唉，成也诗词，败也诗词。

秦桧故意提拔了朱敦儒的儿子，一来想给继子秦伯阳找个超高人气的老师；二来想让天下人看看，我秦桧连那个把王侯都不放在眼里的朱敦儒也请过来了，还有谁不愿意跟我合作？还有谁会觉得我的魅力不够？

犹豫再三的朱敦儒最终还是硬着头皮答应了，拿我的儿子作诱饵，算你狠。

他拄着拐杖，颤颤巍巍地走马上任，担任秦桧给他安排的鸿胪少卿。

也许是上天也嫉妒他前半生的快活潇洒，于是给他的晚年弄了一

个大笑话。他到任后不久,秦桧就一命呜呼了。

秦桧一死,弹劾四起。朱敦儒成了被骂先锋,连宋高宗都讽刺:"哪有早年安心隐居而晚年追求名利的人呢?"认为他不过是一个沽名钓誉的老头罢了。

曾经的隐居者、主战派,如今沦落为挨骂人。老头心里苦啊。

他想起了以前的生活,那时的自己又岂会把王侯看在眼里?

北宋末年,洛阳郊区的深山老林里仙气飘飘,年轻的朱敦儒正在梅花树下悠闲地品茶。

"朝廷征召你两次了,不去不好吧?"朋友们担心地问道。

"嘿,管他呢!我又没让他们三请四请,我本来就如同山中的麋鹿,只想插着梅花,醉死在洛阳城。不去,哪儿都不去!"年轻的朱敦儒满脸的胶原蛋白,脸色红润,中气十足,摇着扇子谈笑古今,环顾四周的家具摆设,心想:我缺钱吗?为了几两银子出去赔笑脸,有毛病吧。

他提笔写下一首超狂的《鹧鸪天·西都作》:

我是清都山水郎,天教分付与疏狂。曾批给雨支风券,累上留云借月章。

诗万首,酒千觞。几曾着眼看侯王?玉楼金阙慵归去,且插梅花醉洛阳。

几个朋友围着这首词,纷纷竖起大拇指:"真牛!"

"现在你们知道我想干什么了吧?"

朱敦儒端起一杯茶,嗅着梅花香,解释道:"我本来就是天上管理山水的官员,天性懒散和狂放。天帝曾批准我管理风云与雨露,我只能勉为其难地上个班,多次留住变化无穷的云彩,借走月亮姐姐的歌曲。

作诗万首，饮酒千杯，何曾正眼瞧过王侯？到华丽的宫殿去做官？我这里比皇宫差吗？不去。懒得跟他们在那儿烦。我只想插着梅花醉死在幸福美丽的洛阳城。"

"哈哈，老兄，你真任性！跟着感觉走。"朋友们都佩服朱敦儒的品格，古人隐居是为了提升名气更好地做官，你倒好，真的隐居下来了。

然而，一声冲杀声响起，繁华的北宋在金人的铁蹄下瞬间消失。太上皇、皇上也成了俘虏，洛阳的梅花凋零了，该何去何从呢？

朱敦儒带着一家从江西逃往广东、广西，最后在风景美丽的岭南地区隐居下来。不久，南宋朝廷在战火中成立，急需天下人才辅助，广西地方官极力向宋高宗推荐朱敦儒："治国理政一把好手，淡泊名利一位高人。"

大诗人陈与义也频频点赞。

"哦，哦，那就让他来吧。"宋高宗点点头，他以为隐居者都一个套路，想着流落岭南的朱敦儒听到自己被征召必定感恩戴德，接受征召。

可惜皇帝想多了，朱敦儒不肯出来。

嘿，赏赐都不要。看不起我？宋高宗命令地方官，押也得把他押来。

"还是去吧，天下纷乱，做点事也好啊。再说你不为自己着想，也得替儿子想想，总不能让他跟你一样在家里蹲吧？将来他也得考个功名啊。"家人围着他，你一句我一句地劝说。

是啊，故乡回不去了，没有国哪有家？儿子大了，将来肯定要参加科举，我要是在朝廷做官，总能给他一个拼爹的机会吧？

朱敦儒终于答应了："好吧，我去。"

到了临安，宋高宗赐他进士出身，虽然你没考过科举，我可以给你同等学历,担任秘书省正字(相当于皇家图书馆出版社校对人员)。后来,他又升任两浙东路提点刑狱。

当时朝廷分为主战派与主和派两派。因为金人霸占了美丽的洛阳,让他插梅花的理想瞬间灰飞烟灭,所以他积极支持主战派,也一改以往艳丽的词风,创作了大量慷慨激昂的词。其中就有那首《相见欢·金陵城上西楼》:

金陵城上西楼,倚清秋。万里夕阳垂地,大江流。
中原乱,簪缨散,几时收?试倩悲风吹泪过扬州。

倚靠在金陵城门上,我看着清秋时节的景色。夕阳之下,大江滚滚东流。金人侵占中原,官员们四散而去,朝廷什么时候才能收复国土呢?请悲鸣的风把我的热泪吹到扬州的抗战第一线去吧。

狂放的性格、出色的才华、潇洒的态度,让朱敦儒拥有了一帮小迷弟,辛弃疾与陆游等人纷纷视他为偶像,跟着他学习填词技巧。

但是主战派在宋朝不受欢迎。拼命主战?不识时务。招你过来,不过是装点下皇帝重视人才的脸面,你还真把自己当成大哥了啊!就这样,进入官场时间不长的朱敦儒被免了职。

换作别人肯定唉声叹气,他却风轻云淡,上书一封,不客气地我走了,正如我不客气地来。

因为他已经找到一块风水宝地——嘉禾(今浙江省嘉兴市),他在这里建造大别墅,装修简约风,世外桃源任我游,管他东西南北中。

在别墅里,他写下一首《感皇恩·一个小园儿》:

一个小园儿,两三亩地。花竹随宜旋装缀。槿篱茅舍,便有山家风味。等闲池上饮,林间醉。

都为自家，胸中无事。风景争来趁游戏。称心如意，剩活人间几岁。洞天谁道在、尘寰外。

一个两三亩的小菜园，随处栽种竹子与花朵，"随宜"两个字用得很好，有随心所欲、不刻意雕琢的意思，你们想长在哪里就长在哪里，就跟我的性格一样。槿树篱笆茅草房，有了山里人家的风味。

空闲的时候，我带上一壶好酒，坐在山林里的水池边，快活地醉一场。我只为自己而活，心中了无牵挂。风景争先恐后地映入眼帘，"争"如果换成"都"，会有什么变化？瞬间没了画面感，不形象就不是诗词。"争"字让人感觉好像到处有美景，根本来不及欣赏，争着让你看它们，美景争着跑进你的眼睛里，这样的生活太幸福了。称心如意地过完余下的人生吧。"洞天谁道在、尘寰外"正确的语序是"谁道洞天在尘寰外"，"洞天"指神仙居住的地方，谁说神仙居住的地方只能在天上？不能在凡尘？我这里不也是仙界吗？在此度过世外桃源般的余生吧。

在这首词中，朱敦儒创造性地把民间俗语、口语俚语引入词中，没有华丽的辞藻，没有曲折的情感，犹如华山派风清扬的独孤九剑，平凡的招数中尽显高人的绝世武功。继柳永、苏轼、秦观、周邦彦等人之后，他又在宋词创作方面开辟了新领域。

朱敦儒的优点就是：想得开，有个性。无论世事如何变化，他总能潇洒地"摇首出红尘"，悠闲地"看孤鸿明灭"。

正如那首《好事近·摇首出红尘》：

摇首出红尘，醒醉更无时节。活计绿蓑青笠，惯披霜冲雪。
晚来风定钓丝闲，上下是新月。千里水天一色，看孤鸿明灭。

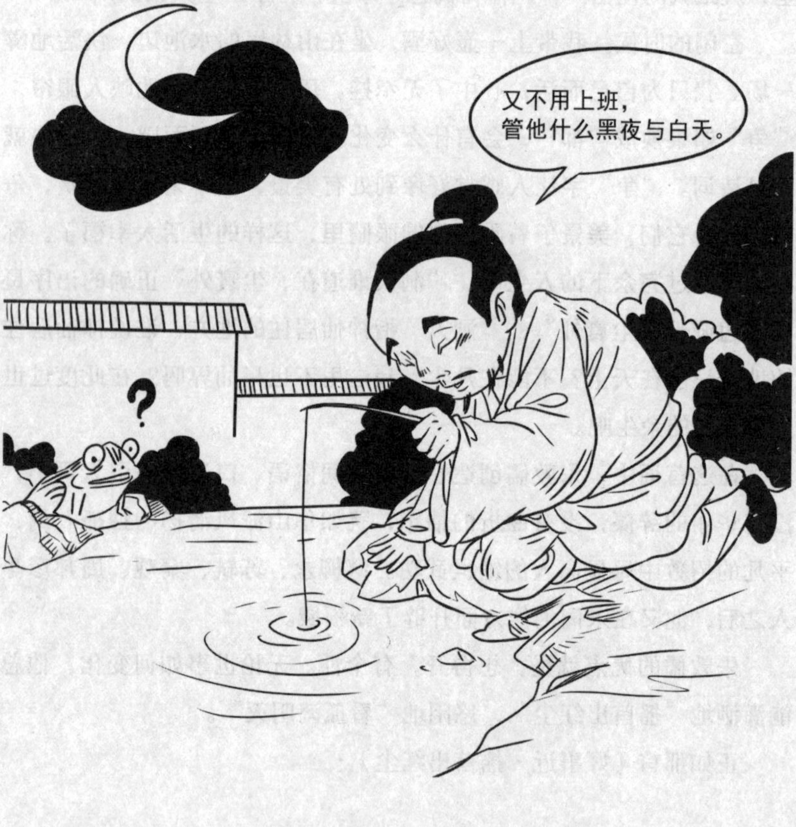
又不用上班，
管他什么黑夜与白天。

从"出红尘、绿蓑青笠、钓丝闲、千里水天"中，我们可以想象出一个休闲隐士的日常生活画面：我早已经走出红尘俗世，喝酒喝多了就睡，睡醒了就玩，又不用上班，管他什么春夏秋冬、白天夜晚。我拿起钓鱼竿，穿上绿蓑衣，带上一壶酒，走起。风里来雨里去，带走一身的尘埃，寒风凛冽又如何？雪霜满地又怎样？

夜晚风停，我放下鱼竿，悠闲地垂钓，天上是新月，水里也是新月，千里水天一色。静悄悄，我看着天上孤独的鸿雁时而出现，时而消失。

只可惜，人在江湖，身不由己，孤鸿有时也得出来冒个泡。

秦桧为了拉拢人心，给朱敦儒的儿子安排工作。为了后代们的未来前途与人身安全，七十岁高龄的朱敦儒被迫到秦桧手下做官。因此导致了晚年失节，这成了他人生中的唯一污点。

秦桧死后，朱敦儒立刻回到别墅，调整心态，懒得理冷嘲热讽，从此不问世事，一直活到九十五岁。

到了南宋，朝廷委曲求全，对外俯首称臣，文人们愤愤不平，你侬我侬的爱情词不再占据主流，堂堂的大宋朝成了别人的小弟，哪还有心思唱"情深深雨蒙蒙"？大家沿着苏轼开创的豪放派道路，纷纷借歌词抒发奔放的爱国热情，词的内容进一步丰富。

胡铨、张元幹·用词作武器，与他们干

胡铨从小就爱学习，是个学霸。二十五岁参加殿试的时候，慷慨激昂地议论国家用人失误的问题。宋高宗听后频频点赞，打算将他的试卷评为第一名。这时，主和派的小丑们纷纷跳出来，皇帝大人，您把主战派的积极分子列为第一名，几个意思？号召天下人打仗吗？万一他们篡夺皇位来个黄袍加身呢？

如梦惊醒的宋高宗将胡铨的试卷列为了第五名。

刚刚被授予官职，就逢金兵南下，皇帝灰溜溜地跑了。胡铨虽是文人，却性格刚烈，既然朝廷不敢打，我就自己拉起队伍跟他们斗到底。他在家乡振臂一呼："谁愿意跟我一同抵抗金人。谁愿意跟我一起保家卫国？"

乡里百姓纷纷拿起锄头、木棒听他指挥，誓与金兵对抗到底。文人成了猛将，胡铨从此名扬天下，大家纷纷竖起大拇指："书生也能干仗，牛！"

后来，金人内部发生矛盾，草草收兵，南宋政权有了喘息的机会，正式迁都临安（今浙江省杭州市）。名气震天的胡铨被提拔到中央担任枢密院编修。

在皇帝与主和派的乞求下，金国派人前来谈判。金国使臣目中无人，态度傲慢，根本没把刚刚成立的南宋朝廷放在眼里。

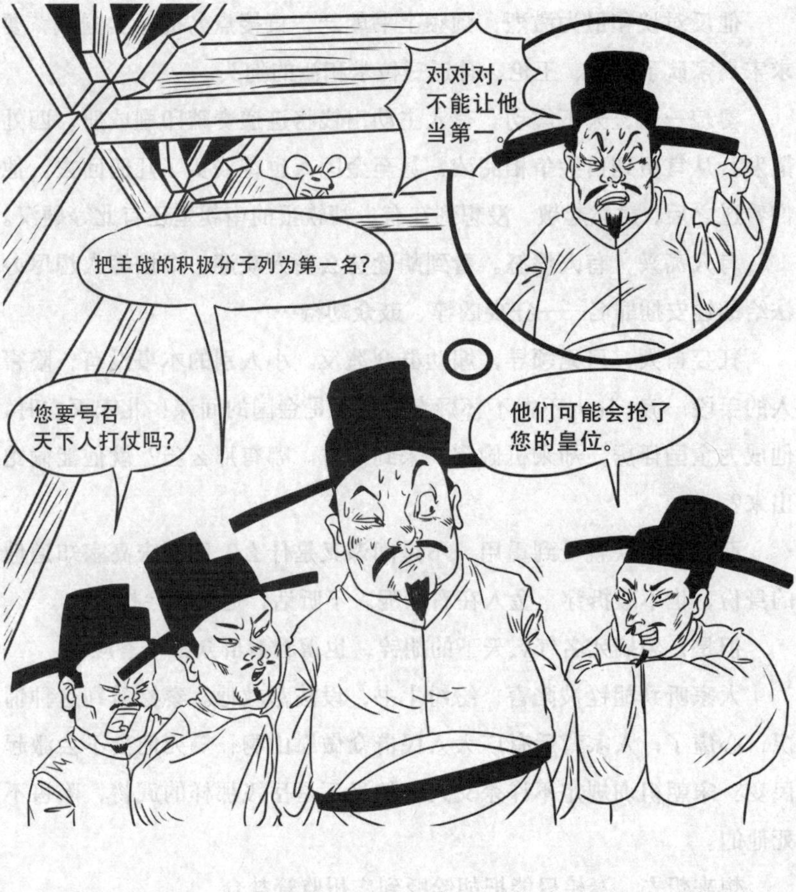
把主战的积极分子列为第一名？
您要号召天下人打仗吗？
他们可能会抢了您的皇位。
对对对，不能让他当第一。

宋高宗和宰相秦桧等人为了能够继续享受生活，竟然向金国称臣：您要我干吗我就干吗，不打过来就行。

大宋成了别人的附属国，不仅对金国点头哈腰称臣，而且还要在固定的时间向他们进贡，这也太屈辱了！猛人胡铨根本受不了！

他反对议和最为激烈，频频上书朝廷，直接点名批评卖国贼，要求宋高宗砍了秦桧、王伦、孙近三位求和派的狗头。

奏疏一出，天下震动。有人主动出钱将这道奏疏印刷成册，四处散发，从官员到百姓争相阅读，甚至金国人也花钱买了几册回去。他们看过之后，肃然起敬，没想到在有一帮软蛋的南朝里还有此等硬汉。

有人高兴，有人愤怒。看到胡铨这么受人欢迎，秦桧等人想尽办法给胡铨安插罪名——狂妄凶悖、鼓众劫持……

狂妄自大，目无领导，煽动群众造反。小人别的本事没有，陷害人的手段一流，让人不得不怀疑秦桧是不是金国的间谍！北宋灭亡时，他成为金国俘虏，却乘机偷跑，来到南方。哪有那么巧？就他能偷跑出来？

而且他很快就受到重用，不是间谍又是什么？即使宋高宗知道他的身份，也不敢拆穿，金人在看着呢。不听话，他们就会打过来。

但是，想搞死名气震天下的胡铨，也得看看群众答不答应。

大家听到胡铨被陷害，纷纷上书，设法营救他。秦桧看到这种情况，心虚了，人家背后有广大人民群众做靠山啊！搞死他会不会激起民变？宋朝祖训规定不许杀文人，他又不是岳飞那样的武将，陷害不死他的。

想来想去，秦桧只能把胡铨贬到广州监管盐仓。

朝堂上更加乌烟瘴气。主战派老宰相李光因为斥责秦桧，与赵鼎一同被贬到了天涯海角——海南岛。那个时候海南岛相当于"鬼门关"，不仅落后、封闭，而且环境又差，去了那里，能活着回来就算祖坟冒烟了。在新州（今广东省新兴县）的胡铨听到主战派将领纷纷被免职，又听到名臣赵鼎因为不满被贬而绝食至死的噩耗，再也压制不住内心的悲愤，与朋友一起借酒浇愁，写下了《好事近·富贵本无心》。

富贵本无心，何事故乡轻别。空使猿惊鹤怨，误薜萝秋月。

囊锥刚要出头来，不道甚时节。欲驾巾车归去，有豺狼当辙。

我本来无心追求富贵，为什么要背井离乡，将老家抛在身后？又招来山中动物们的抱怨，现在想来，我白白辜负了隐居之地的明月与美景。布袋里的锥子想要露出头，也不看一下时机对不对？我一个小小的官员，上书骂奸臣，鸡蛋碰石头，结果又怎样？现在我想回到故乡过田园生活，却被那帮豺狼们挡住了去路。

他既是感叹，也是怒骂。地方官张棣听到这首词，大喜过望，巴结秦桧有了一份不用花钱的大礼，立刻上书打小报告：那个人又在说您的坏话了。

秦桧怒了，这家伙还不消停？立刻指使同党给胡铨定下新罪名——诽谤，绝对的诽谤！干脆把他也贬到海南岛，让他自生自灭吧。

被贬到海南岛后，胡铨一待就是八年，直到秦桧死了，他才和被秦桧排挤到海南的老宰相李光一起回到朝廷。

胡铨与李纲、赵鼎、李光并称为南宋四大名臣。

经济发达、能人辈出的南宋，却要对金国人俯首称臣、摇尾乞怜，好在还有一帮硬骨头的文人呐喊反抗。硬汉不仅赢得本国人的敬重，还赢得金国人的敬佩。胡铨死后多年，来到临安的金国使者还特意问道："胡铨学士，尚能饭否？"

当初胡铨被贬之时，绝大多数人怕被秦桧迫害，都不敢去送别，只有张元幹不顾个人安危，前来送别。胡铨看着张元幹，说道："大哥，非常感谢你来送我,可是,秦桧那厮知道了,不会放过你。"

"嘿,怕啥?既然来了,我就做好了被他陷害的准备。好兄弟,此番前去,凶多吉少,来,我再敬你一杯!"张元幹眼睛里射出坚毅的光芒,崇敬地看着对方。为了安慰老友,他写下一首《贺新郎·送胡邦衡待制赴新州》相赠:

梦绕神州路。怅秋风、连营画角,故宫离黍。底事昆仑倾砥柱,九地黄流乱注。聚万落千村狐兔。天意从来高难问,况人情老易悲难诉。更南浦,送君去。

凉生岸柳催残暑。耿斜河,疏星淡月,断云微度。万里江山知何处?回首对床夜语。雁不到,书成谁与?目尽青天怀今古,肯儿曹恩怨相尔汝。举大白,听金缕。

我在梦里又回到了日思夜想的中原大地,秋风萧瑟,号角连营,我们有枪有刀,故都汴州却深陷敌手,一片荒凉。为何曾经像昆仑山一样的天柱瞬间倒塌,冲毁了黄河之堤。现在中华大地污水横流,正遭受痛苦。原本幸福的乐土,如今变成了狐兔盘踞的地狱(北宋沦陷)。我们无从问苍天,人间又无知己,你前途未卜,我只能在南浦送您远去。

我俩在水边离别,凉风习习,柳条摆动,星星稀少,云朵飘浮,月色朦胧。此次分别以后,我们相距万里,不可能再有机会如同兄弟一样谈天说地。如何寄书信过去呢?大雁南飞,却无法飞到您将要去的地方。你我曾经胸怀天下,评古论今,如今怎能只顾个人的荣辱与安慰?拿起酒杯,再听一首《金缕曲》(词牌名,也叫《贺新郎》)吧。

只要明白这首词的写作背景,基本都能读懂。

北宋末年,金兵南下,身为名将李纲助手的张元幹亲自参与了抵抗敌人的斗争。国家灭亡之后,张元幹来到南方,老领导李纲被任命为宰相,他也被重用。只可惜,宋高宗为了稳定人心,呐喊着收复中原,要打过长江,可是没过几天,他又开始躲进深宫纸醉金迷,享受人生。

李纲当了七十五天的宰相就被罢免,张元幹看不惯向敌人俯首称臣的朝廷,以右朝奉郎(六品小官)的身份退休回到福州老家。

胡铨案发,支持、称赞他的人统统受到秦桧的迫害,丢官的丢官,流放的流放。张元幹在这个时候还敢亲自送别胡铨,需要多大的胆量与勇气。

一时间,天下传颂,又多了一个有胆量的男人。

可是秦桧读到《贺新郎·送胡邦衡待制赴新州》这首词,气得鼻孔冒烟。如此高压之下,还有人连命都不要挑战我的权威吗?如果不是大宋有祖训,老子非杀光你们这些家伙不可!杀不掉你,那就找个理由恶心你,让你一无所有!

于是,秦桧命人将张元幹逮捕入狱,削除名籍(记载官吏名籍的簿册)。除名就是降为普通的老百姓,不再享有官员身份;削籍就等于取消退休的福利待遇,把你的退休金统统拿掉,看你怎么跩?

出狱后的张元幹仿佛人间蒸发,不知去了哪里,也不知什么时候死掉,好在宋词里留下了他的名篇。

在爱国文人的手里,词成为战斗的武器、灵魂的呐喊,词人的地位大大提升。从北宋到南宋,词在各不同文人手中变得内容多样,格律丰富。

词从娱乐场所的消遣工具变成了文人雅士们的案头必备,从身处底层的青楼乐曲变成了抗衡唐诗的功臣元勋,这其中自然少不了大神们的推动,身处刀光剑影里的大哥——辛弃疾——便是大神中的大神。

辛弃疾·刀光剑影里的大哥大

单刀闯敌营

"张安国叛变了,杀死我们的大哥,投降了金人。"下属气喘吁吁地前来报告。

"谁?"年轻人两条刀剑般的眉毛翘起。

"张安国。"

"该死,你们几个跟我走,抓回这个可耻的叛徒。"

"您该不会说真的吧?张安国如今在金人的帐篷里喝酒,您准备带多少人过去?"身旁的同僚张大嘴巴问道。

"五十人足矣。"英姿飒爽的年轻人立刻命令当地的官员王世隆和起义军小头目马金福等人,带上五十精锐骑兵,直奔山东金人驻地。

众人目瞪口呆,这小年轻在痴人说梦吗?这家伙疯了吗?脑袋被驴踢了?

熟悉的人,明白他没疯。这已经不是头一回了。

当年他刚刚加入抗金起义军,就受到头领耿京的赏识,担任"掌书记"。被他说服一同前来投靠起义军的朋友义端是个花和尚,思来想去,觉得跟在金人后面混比较有前途。于是他半夜偷了耿京的帅印逃跑,奔向金人的怀抱。

耿京大怒,对着年轻人骂道:"这就是你带来的朋友?"

枪在手,跟我走!

"唉，什么都别说了，三天时间，我亲自捉回义端。"年轻人立下了军令状。

"三天？好，拿不回帅印，提头来见！"

年轻人带上宝刀，策马前去，一骑绝尘，追上义端，手起刀落，破开了对方的脑袋瓜。

耿京竖起大拇指："小伙子，有前途，好好干！"

从此年轻人成了抗金义军的中层干部。如今听说张安国杀了大领导，他顿时大怒，手持长枪，直接冲入金人大营，拎起正在喝美酒的张安国，绑在战马上，众多已经投降金人的士兵、百姓们围过来。

年轻人站在高处高喊："愿意回家的人立刻跟我走，我们日后携手抗敌，收复江山！"他的声音仿佛夜空中的惊雷炸响，让上万投降的起义兵追随他而去，他们日夜兼程，马不停蹄，向刚刚成立的南宋朝廷奔去。

自此，二十三岁的辛弃疾犹如战神下凡，名气暴涨，终生没有再回女真统治下的老家山东。

他出生在被金人统治十二年的山东省济南市，出生时距离北宋灭亡已经十四年了。赵构在临安（今浙江省杭州市）建立南宋，打造安逸小朝廷，把失去的北方故土忘在了灯红酒绿之外。

由于父亲早死，辛弃疾由祖父辛赞抚养长大，原本吃着北宋皇粮的辛赞为了养活一家老小，不得已在金人统治区域做了亳州的谯县县长（县令）。年少的辛弃疾在祖父的安排下跟随亳州名人刘瞻学习，很快脱颖而出，和另外一个成绩优异的同学党怀英并称"辛党"。但最后两人走的路截然相反，党怀英在金朝做了官，辛弃疾拉起两千人组建起了反抗金朝小分队，后来他加入耿京的起义军，掌管文书的同时参与机密谋划。

耿京死后，辛弃疾带着战神的光环来到临安，南宋小朝廷安排他做了江阴签判（签书判官厅公事，相当于地方官的助理与参谋）。

辛弃疾傻眼了，我骑战马单挑上万人，你要我手握毛笔干杂事？我不是来做官享福的，我要收复山河啊！

他把敌我形势与战斗经验写成十篇文章，名为《御戎十论》，又叫《美芹十论》。虽然见解很深刻，但是朝廷官员看完很漠然，大家都沉醉在临安城的歌舞升平中。大宋向来用钱摆平一切，别人来打，给钱走人。不妨碍我享乐就行！

大宋官员是只要位置稳，事情懒得整。

大环境不行，辛弃疾提再多的建议也没用。两年后，朝廷任命辛弃疾为建康府通判。他想起一身的本领无处施展，登高远望北国故土，思绪万千，写下了《水龙吟·登建康赏心亭》：

楚天千里清秋，水随天去秋无际。遥岑远目，献愁供恨，玉簪螺髻。落日楼头，断鸿声里，江南游子。把吴钩看了，栏杆拍遍，无人会，登临意。

休说鲈鱼堪脍，尽西风，季鹰归未？求田问舍，怕应羞见，刘郎才气。可惜流年，忧愁风雨，树犹如此。倩何人唤取，红巾翠袖，揾英雄泪。

辛弃疾的词典故很多，他常常借历史故事来委婉地表达心情与想法，读他的词必须了解更多的历史知识。

放眼望去，楚天千里，一派凄清秋色，江水连天，茫茫无边无际。北边的崇山峻岭，有的像碧玉簪（玉做的簪子），有的像螺形髻（头发的形状）。原本美丽的风景，却传达出无限的愁恨。落日斜挂楼阁，孤雁悲愤地啼叫，我这从北边故乡来到江南的游子呦。拿起曾经伴随自己冲锋陷阵的大刀，看了又看，摸了又摸，拍着身旁的栏杆唱着歌，我多想跨上战马，提起大刀，杀回北边，收复故土。唉，谁又能理解我的心情呢？

冷冷的西风吹起，我想念家乡的鲈鱼美味，张季鹰回来了吗？（张翰，字季鹰，晋朝人，因不愿卷入晋室八王之乱，写了一首《思吴江歌》："秋风起兮木叶飞，吴江水兮鲈正肥。三千里兮家未归，恨难禁兮仰天悲。"他裸辞的理由很有个性：我吃不惯这里的食物，想吃家乡的茭白、莼羹、鲈鱼。从此，人们将思念家乡称为莼鲈之思。）我也想回到家乡，回到它的身旁。可是，朝廷里的这些官员只知道享乐喝酒，就像只顾买房买地、谋取私利的许汜（三国人物，他曾经被还未发迹的刘备批评，整天忙着求购土地，到处询问房产价格，没有大志向）。唉，可惜浪费了多少美好时光，我每天忧国忧民，历经风吹雨打的大树都会倒下，历经沧桑挫折的人又怎能不老去呢？唉，我这泪水，要有个温柔的女人来擦干，才能稍稍安慰我这破碎的老心肝。一个人太孤独，需要找个人来陪。谁去唤来穿着红巾翠袖的多情美女，为我擦掉英雄落寞时的热泪呢？

一个万人之中取人首级的英雄，面对失去的故乡却无法上战场，不是砍不过别人，而是老大不让你去砍，不甘心啊！

既然无法上战场做将军，那就到地方做好官吧。

马背上的土豪

后来，宋孝宗赵昚召见了辛弃疾，一番面试之后，他觉得小伙子很有本事，便升他为司农寺主簿（司农寺主要负责国家的粮食积储、仓廪管理及京朝官禄米供应等事务，主簿是掌管文书公函的助理）。

尽管如此，辛弃疾依然不死心，我想冲锋，你却让我管理粮草，于是他又把自己想收复中原的想法写成九篇文章，合称《九议》。赵昚是南宋最有作为的皇帝,曾平反岳飞冤案,试图收复中原,整顿吏治,他很重视农业,历史上称他在位期间为"乾淳之治"。

年轻的辛弃疾仿佛在黑暗中看到了希望,他拼命上书,主张北伐。无奈宋朝祖训要防着武将,天天喊打喊杀不是主流文化,仗能不打尽量不打。

皇帝调派辛弃疾去滁州担任知州。有人替他不值,辛弃疾却很兴奋,终于轮到我上场了!

在中央说话没人听,到了地方,我就是老大,只要不造反,我想干啥就干啥。

滁州处于两淮之间,是南北必争的军事要地,战乱频繁,通俗点来说,就是最先挨打且挨打最多的地方。所以灾荒不断,城市萧条,人口稀少,因为大家都逃荒去了。

虽然摆在面前的相当于一座空城,但是这难不倒理财高手辛弃疾,他开始了一系列大手笔操作。

一是减税降费在行动。他把农民欠的税免了,商贩营业税减了,能减免的尽量减免。二是返乡创业多喊话。政府借钱修建房屋,让逃荒者回乡。外地人过来的话,就分给土地、农具和粮种,欢迎来我们滁州安家落户、打工创业。三是恢复经济建立市场。让人口增多,生产恢复,这样就税收多多。然后再拿着税收大搞市场,建设商铺、客店、酒馆,打造滁州"CBD"——繁雄馆(市场中的一处建筑)和新"地标"——奠枕楼(登高远望的游览高楼),用优惠的条件招商引资,吸引各行各业的人前来做买卖。

很快,滁州面貌焕然一新,麦子丰收,辛弃疾心情大好,作词一首——《声声慢·滁州旅次登楼作和李清宇韵》:

征埃成阵,行客相逢,都道幻出层楼。指点檐牙高处,浪拥云浮。

今年太平万里,罢长淮、千骑临秋。凭栏望,有东南佳气,西北神州。

千古怀嵩人去,还笑我、身在楚尾吴头。看取弓刀,陌上车马如流。从今赏心乐事,剩安排、酒令诗筹。华胥梦,愿年年、人似旧游。

上片写了滁州城的新气象。来往的行人纷纷交口称赞,啧啧,哎呀,这里高楼很气派啊。看那最高处的檐牙,像波浪起伏,浮云飘动。今年这里很太平,金兵不敢来犯,百姓安居乐业。将来我们还要带着敢死队(辛弃疾在滁州建立了一支地方武装,农忙时生产,闲时训练,战时打仗)打过淮水,收复故土。他站在奠枕楼上远望,东南一片大好,可是西北神州依然在敌人手中(欢乐之余有些遗憾)。

下片写自己的感想。唐朝宰相李德裕被贬到滁州,建了怀嵩楼,用来怀念故乡洛阳,如今李德裕早已不在人世,有人可能笑话我怎么还留在滁州不走呢。这里车水马龙,繁花似锦,我们尽情享受吧!赶紧安排娱乐器具,大家一起喝酒聊天、吟诗作赋。这里就是我们的理想国,这里就是我们的好家园,但愿年年岁岁都如此,百姓们享受生活笑嘻嘻。

他这次在滁州的牛刀小试获得了众人夸奖。

可是一个武将只有骑上战马才能精神抖擞,很快机会来了,只不过敌方不是金人,而是自己人。

宋朝向来喜欢花钱买平安,但是南宋国库空虚,税收就要提一提。可是湖北茶商茶农们不堪忍受政府征收茶叶重税,领头人赖文政拉起四百多人组成"茶商军"造反了。

朝廷坐不住了,我交钱给金人,就是图个安稳,现在你们这些小老百姓却不让我安稳了,一个字——杀。可是,中央禁军、地方部队都被小茶商打得找不到人生的意义。

朝廷着急了,大家讨论一番,发现狠人得由猛人治。

那个滁州知州不是整天喊着打打杀杀吗?

让他去!

于是,辛弃疾成了江南西路的提刑典狱公事,他节制诸路军队,镇压起义兵。

战神一出手,造反立刻消停了,茶商们投降了。

这次平叛让辛弃疾迎来了事业的巅峰时刻。

皇帝很高兴,赏!给了他个秘阁修撰(是工资待遇比较高的虚职)。此后,辛弃疾在江西、湖北、湖南等地担任转运使(唐代以后各王朝主管运输事务的中央或地方官职,有水陆转运使、诸道转运使、盐铁转运使等)、地方知州,兼任安抚使(地方军事长官),基本都是肥缺。

宋朝官员的工资又是封建社会的天花板,他们每月不但有固定的工资,还有大量补贴、奖金等。武将的地位虽然低于文官,工资却高于文官。南宋初期,内忧外患,必须依靠军人震慑四方,不给待遇空谈理想,谁给你卖命?

除了高额的工资奖金,辛弃疾本人又很善于理财,他兼职做点买卖,早早就实现了财务自由。所以他不缺钱,而且很有钱。还拿着大把钱刮起了两阵土豪风。

第一阵土豪风——创建飞虎军。辛弃疾担任潭州知州期间,兼任荆湖南路的安抚使。鉴于金兵时不时骚扰南宋,他向朝廷建议编练一支湖南的飞虎军,得到批准之后,立即筹集资金建造营房,招聘士兵。

当时秋天下雨频繁,二十多万片屋瓦来不及烧制,虽然难题摆在面前,但是土豪自有妙计。辛弃疾下令,让长沙城内居民每家拿出二十片瓦,付给每家一百文。结果,两天之内他就凑足了军用瓦片,可是这让朝中不明真相的主和派大臣认定是剥削百姓。

我们要弹劾你!

宋孝宗赵昚动摇了,赶紧下令停工,这样下去岂不闹出民变?

辛弃疾无语了。我拿钱买瓦，保护百姓，他们岂会上房揭瓦？半途而废就是变相浪费，将在外君命有所不受。我加快完工，看你怎么动怒？

不久，飞虎军重装上阵，一片赤诚，宋孝宗便默许了。此后飞虎军在抗金过程中屡立战功，人称虎儿军。

第二阵土豪风——修建大别墅。四十二岁的辛弃疾在江西担任安抚使期间就开始打造带湖新居，因为他已经看透朝廷上的那些人，这些人打仗不行，耍嘴皮陷害自己人都是一把好手，得给自己和家人留条后路。

可是，带湖新居建得过于高调，被人传得神乎其神，没见过的人以为他造了一座大皇宫。新居刚落成，他就被人弹劾，官位被免，就这样"被退休"了。

下岗了，生活依旧好滋味

辛弃疾带着遗憾、疲惫与憧憬回到新居，开启了提前退休模式。

当年的怒火青年已经变成沧桑大叔，壮志未酬，一腔热血已经凉凉。他呐喊着收复中原，却始终无人理睬，彷徨迷惘。何以解忧？唯有杜康。

诗酒趁年华吧！既然做不到骑马前行，我就快意人生！

他开始扩建"带湖新居"。

新居别墅长一千二百三十尺，宽八百三十尺，相当于十几个足球场。里面的房间有一百多个，其他空地则开发成田地，种菜、种稻、收租子。最高的地方建造了一个房屋，取名"稼轩"（农家小院），自号"稼轩居士"。

朋友前来祝贺，大家惊呆了："哇塞，大哥，你也太土豪了吧？

房子堪比皇宫啊。"

"不能乱讲,怎么能和皇宫相比呢?"辛弃疾担忧之中有些得意,"你们常来玩啊,我家有山、有水、有楼、有亭、有花……保证你们玩得开心!"

"既然大哥今天兴致这么高,怎能不填首词呢?要不给兄弟们露一手?"年轻人的话引得众人激动不已,看词坛霸主当场创作,机会难得。

"好吧,好吧,献丑了。"大哥今天心情高兴,如剑的眉毛舒展,如铁的大手提笔。呼呼呼,一首《沁园春·带湖新居将成》:

三径初成,鹤怨猿惊,稼轩未来。甚云山自许,平生意气;衣冠人笑,抵死尘埃。意倦须还,身闲贵早,岂为莼羹鲈脍哉。秋江上,看惊弦雁避,骇浪船回。

东冈更葺茅斋。好都把轩窗临水开。要小舟行钓,先应种柳;疏篱护竹,莫碍观梅。秋菊堪餐,春兰可佩,留待先生手自栽。沉吟久,怕君恩未许,此意徘徊。

对于长调,可以采用画面重组想象法,对内容进行合理的改编。

东冈上的书房,门窗面朝大湖,春暖花开,我们划起小船,钓着大鱼。湖水周围排排柳树,篱笆墙外片片翠竹。喝着秋菊茶,戴着春兰花,这生活,这享受,简直是"采菊东篱下,悠然见南山"啊。唉,只怕皇上不让我离开,到时还得犹豫徘徊(古代文人退休的口头禅,内心不想走,等着皇帝挽留多有面子,可现实是,皇帝懒得理你)。

"好词,好词,大哥真牛!"周围人看到后纷纷夸赞。

虽然他们的生活这么豪华,可家人却有点担心,晚上妻子劝道:"相公,您如此高调建豪宅,会不会引起别人的嫉妒与诬陷呢?"

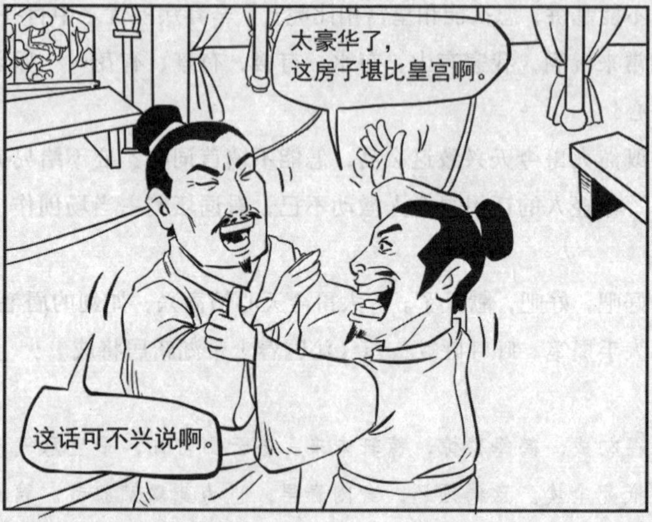
太豪华了，
这房子堪比皇宫啊。
这话可不兴说啊。

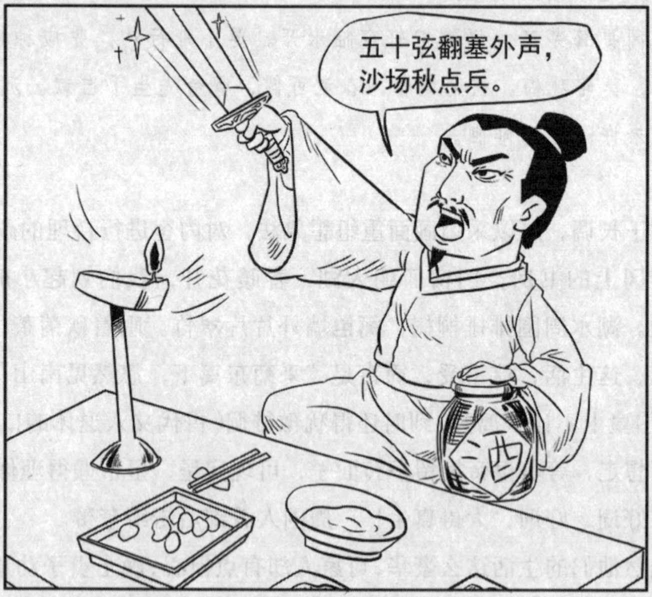
五十弦翻塞外声，
沙场秋点兵。
酒

"管他呢。我受到的诬陷还少吗？不仅在这里，我在其他地方还物色了一块风水宝地，明天就去把它买下来，再造一栋雅致的别院。"为了将有钱人的生活进行到底，辛弃疾来到上饶附近察看第二块宝地。山上泉水喷涌而出，汇成漂亮的瀑布，流入一个瓢形的水潭。

好地方，好风景，买了。先建几所房子，再慢慢打造绝美庄园。

他将瓢形的潭取名叫"瓢泉"，并为它作了一首《洞仙歌·访泉于奇师村，得周氏泉，为赋》，以作纪念。

飞流万壑，共千岩争秀。孤负平生弄泉手。叹轻衫短帽，几许红尘，还自喜，濯发沧浪依旧。

人生行乐耳，身后虚名，何似生前一杯酒。便此地、结吾庐，待学渊明，更手种、门前五柳。且归去、父老约重来，问如此青山，定重来否。

清澈见底的潭水正好洗去我身上的凡尘。人生在世，要及时行乐，要那些死后的虚名干什么？能抵得上我眼前这壶美酒吗？我从此就学陶渊明，种种柳树，采采菊花，做个神仙。

每个人都有不为人知的另一面，辛弃疾靠正当的途径挣钱，享受人生，也没什么不好。

永远的遗憾

"退休"十一年后，已经五十三岁的辛弃疾忽然被朝廷想起，起用为提点福建路刑狱公事（俗称大宋提刑官，不仅要断案侦查，还得维护地方治安，统领地方军队），兼任福建路安抚使。辛弃疾充分发挥自己的理财能力，几个月的时间，他就为福建节省下五十万贯钱，设置了"备安库"。他又打算利用这笔钱为朝廷打造铠甲,招兵买马,训练出一支"飞虎军"。

可惜干实事的人总会招致嫉妒与排挤,有人弹劾他残酷贪婪,搞小金库,他又被罢官了。

唉,如果真要贪污,干吗把钱不放进自己的腰包,还要为国家去训练什么飞虎军呢?这种反逻辑的弹劾,皇帝却相信了。

辛弃疾重新回到上饶,两处别墅,两种享受。

懒得搭理你们,我有钱我任性。砸真金白银,造瓢泉庄园,住腻了带湖新居,换换口味,全家人移居瓢泉。从此辛弃疾又过上游山玩水、饮酒赋诗的潇洒生活,这比经常饿肚子的陶渊明幸福多了。

闲居但不颓废,退休但不消沉。在带湖新居与瓢泉庄园隐居的日子里,他一边欣赏风景,一边挥笔作词,写下大量优秀诗词。

某天晚上散步,他写出了《西江月·夜行黄沙道中》:

明月别枝惊鹊,清风半夜鸣蝉。稻花香里说丰年,听取蛙声一片。
七八个星天外,两三点雨山前。旧时茅店社林边,路转溪桥忽见。

闲来遛遛娃,他写出了《清平乐·村居》:

茅檐低小,溪上青青草。醉里吴音相媚好,白发谁家翁媪?
大儿锄豆溪东,中儿正织鸡笼。最喜小儿亡赖,溪头卧剥莲蓬。

节日出门玩耍,他写出了《青玉案·元夕》:

东风夜放花千树。更吹落,星如雨。宝马雕车香满路。凤箫声动,玉壶光转,一夜鱼龙舞。

蛾儿雪柳黄金缕。笑语盈盈暗香去。众里寻他千百度。蓦然回首，那人却在，灯火阑珊处。

有钱人的生活就是这样："朴实无华且枯燥"，时间长了，闲散久了，他总不免有些颓废和伤感。

开始怀念当年的戎马生涯，那时何等威风，何等气魄。于是他奋笔写下《鹧鸪天·有客慨然谈功名，因追念少年时事，戏作》：

壮岁旌旗拥万夫，锦襜突骑渡江初。燕兵夜娖（通假字，捉）银胡䩮，汉箭朝飞金仆姑。

追往事，叹今吾，春风不染白髭须。却将万字平戎策，换得东家种树书。

当年，我夜闯敌营，单手擒叛徒，率领上万人，渡江归南宋。一路上，刀光剑影，形势大好。

可如今，唉，头发花白，身体虚弱，长期闲居，当年还能奋笔疾书抒写平定敌人的策略，如今却躲在家里研究种树养花的技巧。空有一身本领却无处施展，真是辜负大好年华。

我不想就这样死去。还有实现理想的机会吗？

有！

嘉泰三年（1203年），南宋第四位皇帝宋宁宗赵扩当政，打击投降派，重用主战派。他想起了当年的战神、如今的词魂辛弃疾，这么厉害的角色，岂能待在老家种树！去当浙江东路安抚使吧。第二年，又升任辛弃疾为镇江知州。

忽然传来了一个振奋人心的消息，朝廷将要北伐了。但是带头大哥韩侂胄轻敌冒进，草率从事。在刀光剑影中成长的辛弃疾一眼就看出了其中的问题,打仗岂是儿戏!岂能只喊口号!他立刻上书,建议做好战前的准备工作,可是无人理睬,让你出来只是利用你的名气,还真把自己当回事了?

郁闷的辛弃疾登上镇江北固山,站在北固亭上,望着远方,想起古人。当年,南朝宋武帝刘裕(小名叫寄奴)曾两次领兵北伐,收复洛阳、长安等地,何其风光?而他的儿子宋文帝刘义隆好大喜功,仓促北伐,却被北魏太武帝拓跋焘来了个反杀,北魏大举南侵,直抵扬州,宋军遭遇重创,吓得宋文帝亲自登上建康城后的幕府山向北观望形势。

打仗不认真准备还怎么打?上战场玩太极吗?

越想越悲愤的辛弃疾写下了千古名篇《永遇乐·京口北固亭怀古》:

千古江山,英雄无觅孙仲谋处。舞榭歌台,风流总被雨打风吹去。斜阳草树,寻常巷陌,人道寄奴曾住。想当年,金戈铁马,气吞万里如虎。

元嘉草草,封狼居胥,赢得仓皇北顾。四十三年,望中犹记,烽火扬州路。可堪回首,佛狸祠下,一片神鸦社鼓。凭谁问、廉颇老矣,尚能饭否?

像这种用典故较多的诗词,想要明白它的意思就要弄清楚历史人物的故事及其评价。

少年成名的孙权不在了,纵横四海的刘裕也不在了,想当年他们指挥千军万马,气势如同张开大口的老虎。"吞"字让人有什么感觉呢?让人感到一种排山倒海的气势,佛挡杀佛,魔挡杀魔,什么都阻止不了他们前进的步伐,遇到敌人就利落地将他们生吞活剥。

唉,可惜,看看元嘉年间,宋文帝轻率鲁莽,仓皇逃命,不堪回首啊。是我们没人了吗?

不是。在被人遗忘的角落里,还有个如同廉颇一样的我。可是,谁来启用我呢？

正当辛弃疾积极调集资金，购置军服，招兵买马，准备大干一场的时候，他又被别有用心的人弹劾。

老辛的泪蛋蛋直接掉进了酒杯里，干点大事咋就这么难呢！你在拼命干实事，那些闲人总是盯着你的小失误不放，绞尽脑汁使绊子，这样怎么能干成事！

主和派背后捅刀，主战派不听劝告，叫我出来只是撑撑场面！

唉，罢了罢了，回瓢泉！不磨叽。

没过多久，毫无战场经验的宰相韩侂胄仓促北伐，失败被杀。朝廷签订了耻辱的"嘉定和议"。

皇帝这才明白打仗还得靠实力战将，赶紧召见辛弃疾，准备任命他为兵部侍郎。可是，辛弃疾再也不想折腾了，他年纪大了，需要休养，始终不肯出山。

嘿，嫌官小？那让你进枢密院（宋朝最高军事机构），干不干？

不干。

我现在卧病在床，起不来。

这一次不仅仅是推托，他是真的起不来了。

开禧三年（1207年）九月初十，身患重病的辛弃疾去了天上人间，据说临终时还大呼："杀贼！杀贼！"

辛弃疾有钱有闲又有才，物质基础雄厚，除了北伐，他基本想干什么就能干什么，人没有后顾之忧，就敢于创新。苏轼把低俗歌词写成了高雅诗词，剥去了宋词的胭脂水粉气；辛弃疾则把人物典故、经史子集、风雅颂等的内容统统搬进歌词，用词发泄对自己无法北伐的不满、点评历史人物的得失，打破了文人填词的一切顾虑与束缚。

大家蓦然回首，老辛已在巅峰处，原来词还可以这么写，我们怎么没想到？

辛弃疾虽然没有实现收复中原的理想，却已经成为平常人遥不可及的理想，豪放词在他手上犹如射出的弓箭，霹雳弦惊，横绝天下。引得一帮人纷纷向他学习，至此，豪放词又向前推进了一大步，纯爷们又多了一大批。

陈亮·哎哟,我这暴脾气

一位仰慕辛弃疾的年轻人骑着高头大马,前往稼轩别墅拜访。快到辛家别墅的时候,他碰到一座桥,下面水流湍急,马看着河流与危桥,害怕了。年轻人看到马停住了脚步,朝着马猛抽一鞭,大喝道:"跳过去!"马就是不跳。

年轻人火了,对着马又是一鞭:"跳过去!快!"马依然未动。

"嘿,你这畜生,敢不听话?"年轻人火冒三丈,扔掉鞭子,拔出宝剑,暗暗运力,对着马头手起刀落,马随之倒地。年轻人看到后,不为所动,大摇大摆地继续前往辛家别墅。

站在高楼上远望的辛弃疾看到这一幕惊呆了:"年轻人,有个性!对俺脾气!"

于是两人见面后,他就被辛弃疾热情地留在了大别墅,成了辛弃疾的好朋友。

他们一起喝酒,唱歌,彻夜长谈。辛家别墅里的奢华生活让贫困的年轻人张大了嘴巴,老哥,您咋这么有钱呢?

有天,二人正在讨论宋金形势时,醉醺醺的辛弃疾说道:"老弟,临安并非帝王居住之地,如果敌人攻下了牛头山,我们将无险可守。如果他们掘开西湖,我们将成为鱼鳖。"

年轻人已醉得分不清东南西北,听到这番话,他频频点头:"是,是，大哥说得对。"

可是到了半夜三更，年轻人清醒了，坐起来，想起之前的谈话，他感到后背微微发冷："听说辛弃疾平日沉默寡言，今天他却说临安不适合做京城，这岂不是在跟皇上唱反调？等他醒来后悔自己失言，杀我灭口怎么办？我怎么能打得过战神？"

年轻人越想越害怕，于是决定逃跑。他爬起来看了看四周，没有人注意他，他就顺手牵走一匹骏马，战战兢兢地跑了。

一个多月过去了，他等来等去，辛弃疾并没有上门找他麻烦，难道他把我忘了？唉，我是不是想多了？真不该逃跑，要是跟他在一起，说不定我还能弄点钱花花。

钱？对，我现在穷困潦倒，写封信给他，向他借一点钱如何？他要是借，证明他心胸极为宽厚，值得交往。要是不借，把我忘了，我也不用为了逃跑而内疚。

于是他提笔写了一封信寄过去，辛弃疾收到信后直接提款十万两借给了他。

年轻人收到钱后感动万分，辛大哥真乃神人也！从此他成了辛弃疾的小迷弟。

他的名字叫陈亮，年轻的时候没有考中进士，却以平民的身份向朝廷连续上书，批评朝廷的主和政策和文人空谈报国的不良风气，惹怒了朝中一群人。

于是，陈亮在接二连三的陷害与打击中走过了青葱岁月，熬成了中年大叔，在蹲了两次大狱之后，他依然"死性不改"。为了鼓舞朝廷北伐的斗志，他亲自跑到建康（今江苏省南京市）、京口（今江苏省镇江市）观察地形，并写下了一首《念奴娇·登多景楼》：

危楼还望，叹此意、今古几人曾会？鬼设神施，浑认作、天限南疆北界。一水横陈，连岗三面，做出争雄势。六朝何事，只成门户私计。

因笑王谢诸人，登高怀远，也学英雄涕。凭却长江，管不到，河洛腥膻无际。正好长驱，不须反顾，寻取中流誓。小儿破贼，势成宁问强对。

朝廷的老爷们，你们听见百姓的哀号声了吗？听见大家的讨伐声了吗？看看吧，我们前有长江天险，后有热血百姓，怕啥？我们既有决胜千里的统帅，又有冲锋陷阵的猛将，怕啥？对方强大又如何？

没有雄起的决心，最终就只有挨打的份儿。

整首词气势恢宏，雄健有力，正如他战斗不止的性格。陈亮五十一岁的时候，还积极参加科举考试，并中了状元。只可惜，第二年他就去世了。

陈亮让我们看到文人并不都是文弱的，里面也有猛人，下面一个人更猛。

张孝祥·状元也可以是猛男

抚州（今江西省抚州市）下着雨，一伙儿凶狠的士兵正情绪激动地准备冲进兵器库。

"竟然不给我们发军饷，跟他们拼了！"领头的几个人看着围观上来的士兵，故意踢着兵器库的大门，站到台阶上大声高呼。

"对，拼了！"

"杀掉这些贪官！"

"杀！"

于是喊杀声四起，刚刚赶来准备给大家做思想工作的官员们一看，场面已经失控，谁逞能谁就会送命。于是他们悄悄后退，不愿蹚这趟浑水。

激动的士兵们看到官员也不敢管，更加放肆地撞击着兵器库的大门。

突然，人群中冲进一匹骏马，上面坐着一位气定神闲的白面书生，他来到闹事人群的最前面，跳下马，大喝一声："你们如果想要叛乱造反，先把我杀了！"

哗变的士兵看到站在前方的正是他们的太守（地方第一长官）——张孝祥，立刻安静下来。因为他们对张孝祥打心底里佩服。

张孝祥二十三岁参加科举，夺得全国第一，被皇帝钦点为状元。

刚刚参加工作的他不顾政治前途,干了两件名扬天下的事情:一是上书为岳飞喊冤,二是拒绝了秦桧党羽曹泳的提亲,跟主和派彻底划清界限。

从此,他名声大噪,接连升迁,担任中书舍人,成为皇帝的贴身助理。这引起了别人的嫉妒与眼红。当时虽然秦桧已死,其亲信汤思退依然把持朝政。但汤思退很赏识张孝祥,多次对他进行关照。

而比张孝祥大23岁的前同事汪澈升任监察部门长官御史中丞后,拿此事大做文章,将张孝祥赶出了朝廷,让他到地方任职。

担任抚州最高官的张孝祥就算到了地方,也认真备战,并积极整顿军队。

面对这样胆识过人、才华横溢的状元郎,士兵听到他的话纷纷说道:"不敢,不敢!我们只是想领到军饷罢了。"

"好,如果有人拖延发放军饷,故意煽动叛乱,本官定会查个水落石出。来人,马上给大家发放军饷与给养!"就这样,张孝祥当即下了命令,并让下属立刻执行。

闹事的士兵听到这儿,满意地领了工资,并安静了下来。

等到张孝祥查到了几个故意克扣军饷与煽动闹事的人,就命人把他们五花大绑留了下来,并训斥道:"公然煽动闹事者,罪不可赦,立斩!"在众目睽睽之下,他的手下手起刀落,带头闹事的几个人的脑袋乱滚,鲜血直飙,其余的士兵看到这样的场面,吓得一动也不敢动,抚州城瞬间安定了下来。

宋高宗听到这个消息后,称赞道:"杀伐果断,雷霆出击,有气魄!不愧为状元之才!"

此时,张孝祥刚满二十九岁。

尽管身处抚州这样的小地方,他也一刻不忘国家荣辱,时时想着北伐大业。

当时金兵在完颜亮的带领下,大举入侵南宋,张孝祥的好友兼同榜进士虞允文以中央官员的身份被朝廷派到采石(今安徽省马鞍山市)督战。看到宋军萎靡不振,他召集大家,发表了著名演说:"如果金兵成功渡江,你们又能逃到哪里?现在我们占据长江天险,何必如此胆小懦弱?为何不能背水一战、死里求生?朝廷养兵三十年,为何我们不能报效国家、血战到底?"

军人们听后精神为之一振,文弱的书生都能如此胆大,我们还怕啥?跑啥?起来战斗吧!

最终,宋军在虞允文的带领下,以一万八千人对战十五万人,大败来势汹汹的金军,取得"采石矶大捷",南宋终于雄起了一回。

胜利的消息传来,举国欢腾。张孝祥更是兴奋不已,一雪前耻啊。终于打了一场漂亮的翻身仗!高兴,今儿真高兴!可惜,我无法亲自参战,但我会在抚州古城的城楼吹起号角,为你们庆祝。过去敌人威胁我们,如今我们占据了上风,豪气!

夜晚,他怎么也睡不着,爬起来挑亮油灯,检查武器,摩拳擦掌,多么想去采石矶与敌人短兵相接、拼死一战。

可是,他没有机会。想起当年周瑜刚刚成亲,就赢得赤壁之战,谢玄年纪尚轻时,就拿下淝水之战,真是英雄出少年。如今的赤壁矶残阳夕照,淝水桥衰草遍地,他们都渐渐被人遗忘,何况我呢?想到这儿,他又有点悲伤凄凉,于是提笔写下《水调歌头·闻采石矶战胜》:

雪洗虏尘静,风约楚云留。何人为写悲壮,吹角古城楼。湖海平生豪气,关塞如今风景,剪烛看吴钩。剩喜然犀处,骇浪与天浮。

忆当年,周与谢,富春秋。小乔初嫁,香囊未解,勋业故优游。赤壁矶头落照,肥水桥边衰草,渺渺唤人愁。我欲乘风去,击楫誓中流。

这首词末尾化用两个典故：抗金名将宗悫曾说"愿乘长风破万里浪"；北伐干将祖逖曾写"中流击楫而誓"。

我也要像他们一样，到中流击水，勇立战功。

采石矶大战以少胜多，让南宋文人看到了希望。看，我们要是认真起来，战斗力也是杠杠的嘛。为什么不主动出击、北伐中原，收复故土呢？

南宋故土被金人占领，朝廷向敌人称臣。面对这样的局面，南宋词人大多心里比较苦闷，尤其是从北方来的。但凡有点血性的人对南宋朝廷都只有"哀其不幸，怒其不争"的想法。可是哀叹总归不是办法。大家彷徨之后，又开始呐喊，当权者也有起来响应的。

陆游·就算天下人负我，我依然不负天下人

我的爱情鸟飞走了

山阴县（今浙江省绍兴市）陆氏一家原本只是当地的农民，到了宋真宗时期，陆游的高祖陆轸考中了进士，最后官至吏部郎中，但始终过着比较简朴的生活，在享乐主义盛行的宋朝算是个异类。祖父陆佃小时候读书刻苦，常常穿着草鞋、背着书箱，到千里之外去拜访名师，得到过大名鼎鼎王安石的亲自指导。王安石成为宰相之后，陆佃也考中进士，成了国子监直讲，协助老师王安石编写全国学校必读教材——《三经新义》。

到了宋徽宗时期，陆佃成了地位仅次于宰相的尚书右丞，陆氏家族也进入鼎盛时期。可惜好景不长，陆佃被奸臣蔡京排挤，被贬为亳州知州，不久去世了。陆游的父亲陆宰继承了家族好学的基因，一边做官，一边发展爱好——藏书，成了有名的藏书家，家里的书不计其数。按照既定的剧本，原本陆游少爷应该安心读书，参加考试，进入官场。但是，金兵南下，北宋灭亡。陆宰只能带着一大家子往山阴老家逃难，前有荆棘，后有追兵。一家人整日提心吊胆。饿了，啃点干粮；渴了，喝点冷水；困了，倒在草地。

前后冰火两重天的生活给幼小的陆游留下了难以忘却的记忆。这一切，都是金兵惹的祸！国破家亡乃是最好的爱国教育，从这个时候

起,陆游就明白了一个道理:没有国,哪有家?

南宋在众人的期盼下建立了,可是新朝却没有新气象。宋高宗赵构一味妥协求和,秦桧等奸臣一起祸乱朝政,愤懑的陆宰甩手不干了,回到老家建了别墅,做了个隐居世外的读书人。平时,家里来往的都是爱国人士,他们与陆宰谈论的也都是朝廷的弊政和收复河山的计划。年少的陆游耳濡目染,爱国热情更进一层。

读书,发奋读书,我要成为力挽狂澜的大人物,成为收复河山的英雄。陆游从小就刻苦读书,一边有父亲及名师们"一对一"的辅导,一边又有藏书楼各种书籍的滋养,年少的陆游很快就成了当地名人,诗词歌赋,样样精通。因为长辈有功,他还凭恩荫获得了一个登仕郎的九品小官。恩荫制度,其实就是中高级官员的子弟、亲属等可以不用经过科举考试而进入官场,但是担任的官职不会太高。像陆氏这样的大家族,骨子里还是认同正规科举考试的,所以,陆游依旧拼命读书,争取将来能在科举考场大显身手。没想到,令人沉醉的爱情突然来临了。

绍兴十四年(1144年),二十岁的陆游与舅舅的女儿唐婉结婚了。虽是包办婚姻,却比自由恋爱更甜蜜。二人情投意合,结婚以后,天天腻歪在一起。

陆游的母亲很担心,这样下去不行啊。儿子整天嬉戏游玩,谈情说爱,学业荒废。将来考不中科举,怎么振兴家族?

分开,必须把他们分开。

陆母雷霆出击,逼走唐婉,命令陆游娶王氏为妻,恩爱的小夫妻从此失去了联系。

七年后的一个春天,陆游在绍兴禹迹寺附近的沈园游玩,正好碰到了唐婉和丈夫赵士程手拉手欣赏春天的美景。

两人四目相对,心中刺痛。

大方的唐婉安排酒宴，招待陆游。唉，昔日的心动女生竟然成了他人之妻。悲伤逆流成河的陆游趁着酒劲，在沈园的墙壁上写下一首《钗头凤·红酥手》：

红酥手，黄縢酒，满城春色宫墙柳。东风恶，欢情薄。一怀愁绪，几年离索。错、错、错。

春如旧，人空瘦，泪痕红浥鲛绡透。桃花落，闲池阁。山盟虽在，锦书难托。莫、莫、莫。

文字写得太深情了。

错、错、错！三个字重叠，让人感觉错失爱情，错过美好，错失了一切！莫、莫、莫！让人感觉失去了方向，失去了理想，失去了未来！我的人生目标在哪里？我的美好爱情在哪里？

大才子即兴发挥，也许只是一时感慨，未必真的那么深情。可是他的文字魅力非凡，让人读完欲罢不能。

说者也许无心，听者却很有意。

原来前夫始终没有忘记我，唉，为什么，为什么？为什么！想起曾经的幸福与快乐，唐婉痛苦不已，也写下一首《钗头凤·世情薄》：

世情薄，人情恶，雨送黄昏花易落。晓风干，泪痕残，欲笺心事，独语斜阑，难，难，难。

人成各，今非昨，病魂常似秋千索。角声寒，夜阑珊，怕人寻问，咽泪装欢，瞒，瞒，瞒。

难、难、难！做人难，做女人难，做痴情女更难！瞒、瞒、瞒！已作他人妇，又能如何？只能把心思瞒在心底，时不时又会跳出来，瞒不住了。

唐婉越想越悲伤，结果郁闷而死。

听到消息的陆游后悔不已，唉，才华不仅可以当饭吃，还可以当剑使啊。婉儿妹妹，对不起你。

两首《钗头凤》凄婉缠绵，让人仿佛看到愁绪如同鬼魂一样缠绕在身边，怎么赶都赶不走。

陆游虽然立志于做大诗人，不太写词，但词写起来也是荡气回肠，令人抓狂。平常的文字在高人的手中有了巨大的魔力。

不想看你的独角戏

绍兴二十三年（1153年），陆游来到京城临安（今浙江省杭州市）参加锁厅考试，这是一种针对现任官员及恩荫子弟的科举考试。在宋朝初年，这类人考试合格，可以升官，但没有进士头衔，而且如果你考不中的话，原来的职位也得拿掉，因为皇帝不能让你吃着碗里的瞧着锅里的。因此，在考试之前，这些人相当于把自己的办公室锁上，做好下岗的打算了，所以称之为"锁厅试"。淳化三年（992年），应试合格的人也可以赐进士及第。天禧二年（1018年），应试者考试及格以后，还能继续参加礼部组织的"省试"，考中这个就是正式的进士了，就有了进入科举最高一层——殿试的机会。

这次锁厅试的主考官陈子茂是个正派人士，虽然考前他就被秦桧叫去百般暗示，让自己的孙子秦埙得第一名。但陈子茂并未听从，依然以才华论英雄。当他看到一份考生答卷写得文采飞扬，主张抗金，抨击奸臣，立即拍案而起，决定将其评为第一名。秦桧大怒，自己的孙子居然屈居在一个叫陆游的年轻人之下！于是，他立即降罪陈子茂，给礼部主考官施压，无论最终的成绩如何，都不得录取那个叫陆游的人。

陆游因此而丧失了进士及第、官场晋升的机会。

除了给孙子谋福利、为自己树立权威之外,想必秦桧对在考卷里喊着收复山河、暗中讽刺他的陆游非常不满意。考试选拔出这样的年轻人,岂不是为自己的将来添堵吗?

可是,即便秦桧一手遮天,他也挡不住阎王爷的召唤,没过多久,作恶多端的秦桧被阎王吸纳为地狱新成员。正派人士终于有了抬头的机会,三十四岁的陆游被任命为福州宁德县主簿,不久,又升任敕令所删定官(对皇帝发布的命令、法令或立法进行修改、整理)。可见,朝廷已经认可了陆游的才华与能力。

绍兴三十二年(1162年),身心疲惫的宋高宗将皇帝的接力棒传给了儿子赵昚,自己做了太上皇。年轻的宋孝宗改年号为隆兴,作出了求贤若渴的样子,启用了一批抗金人士,朝廷上终于有了北伐的新气象。

宋孝宗听说了陆游的才华,便召见陆游,一番面谈之后,宋孝宗充分肯定了陆游的才华和见识,随即大笔一挥,特赐陆游为进士出身,并让他参与起草国家军政机要文件。这可是众多文人梦寐以求的工作,也是陆游人生中的第一个高光时刻。

新朝的北伐在抗金老将张浚的率领下开始了,陆游摩拳擦掌,我大宋终于要雄起一回了。

可是,还没等他兴奋完,北伐就因为队伍内部不团结而失败了。被压制了一段时间的主和派开始叫嚣,惊魂未定的宋孝宗也蒙了,看来我大宋的确不是人家的对手啊!赶紧与金人签订了"隆兴和议",这是南宋朝继"绍兴和议"之后签订的第二个屈辱和约。轰轰烈烈的北伐在割地赔款的耻辱中结束了。

张浚被贬为江淮宣抚使,陆游此时接连不断地上书劝皇帝不要沉迷享乐,要整顿军纪、疏远奸臣、固守江淮,让南宋再次雄起!

宋孝宗厌烦了,刚刚我才演完一部惊悚片,你又让我马上去演抗金神剧?就你一个人是英雄?就你一个人清醒?

皇帝一个眼神,主和派们点点头,我办事,您放心!很快,陆游获得了一个"结交谏官、鼓唱是非,力劝张浚用兵"的"荣誉"称号,昔日皇帝身边的红人领着朝廷发的盒饭回到老家"跑龙套",他被下岗了。

唉,为什么,为什么?我上书劝谏,怎么就成了结交私党?我力劝夺回属于我们的土地,怎么就成了颠倒是非?张浚用兵难道是我下的命令吗?

伤心悲痛的陆游在老家山阴闲荡了四年多。养家的负担越来越重,总不能坐吃山空啊!该低头还是低头吧!他不得不上书请求朝廷给予官职,最后只得了个夔州(今四川省奉节县)通判的职务。嘿,大小也是个正经工作嘛!四十多岁的陆游带着一家人背井离乡,上路了。

带着重新出发的心情,看着路上的风景,陆游提笔写起了旅游日记,自然风景、人文景观、历史典故、风俗民情……越写越多,越写越有意思,最后写成了中国第一部长篇游记——《入蜀记》。

三年期满之后,他遇见了一个伯乐,迎来了人生第二次高光时刻。

谁说文人不能拿长枪

王炎以参知政事的身份出任四川宣抚使(镇抚一方的军政长官),驻军在南郑(今陕西省汉中市),统管西北一带的军事、财政和人事,大权在握,说一不二。他特聘陆游为干办公事(类似于长官助理和特派员),来吧,跟着我一起干!接到通知的陆游老泪纵横,终于遇到一个明辨是非、积极进取的人了。王炎是抗战派领袖,能文能武,是文人们心中的绝对偶像。陆游赶紧收拾行李,北上南郑,准备大干一场。

南郑地区是宋、金对抗的最前线，这里随时都有可能发生战斗。得到重用的陆游从一位诗人秒变为军人，钻研兵法，练习武艺。常常不顾北方的严寒，骑着战马巡视前沿阵地，即便两手冻得发紫也不停下脚步。他吃干粮，睡地板，始终在战斗一线巡视观察，与长官一起积极为随时可能的北伐做准备。

能与敌人面对面，锣对锣，短兵相接，狭路相逢，让陆游特别兴奋。一天，他登上南郑城上的凉亭（高兴亭），正好能看到金人占领区的长安南山。看着远方，举着酒杯，他用如饥似渴的眼睛盯着曾经的领土，暗暗发誓，等着吧，总有一天，我要打过南山，收复故土！感慨万千的陆游写下了《秋波媚·七月十六晚登高兴亭望长安南山》：

秋到边城角声哀，烽火照高台。悲歌击筑，凭高酹酒，此兴悠哉。
多情谁似南山月，特地暮云开。灞桥烟柳，曲江池馆，应待人来。

《秋波媚》这个词牌名，本意是歌咏美女顾盼流动的目光，到了陆游的手里，成了英雄收复江山的渴望。读起来铿锵有力，激情澎湃。我们可以采用画面重组想象法，身临其境地感受一下词人当时的激情。

秋风萧瑟，号角哀鸣，报告前线无事的平安烽火照到高兴亭。站在高处的我，把酒向故土，击乐唱高歌。对面的敌人，你们不要狂妄，我们很快就会打过来。收复山河的激情与渴望犹如泉水从心底奔涌而起。

那多情而懂事的南山明月，自觉地推开了层层的云朵，点亮了昏暗的天空。好啊，我看清了，灞桥（在西安城内）边的如烟翠柳，曲江（也在西安城内）畔的美丽楼台，它们肯定都在热切地盼望我们打过去，为我们绽放更加美丽的容颜！

不是灞桥和曲江在盼望，而是词人在盼望。

正是这段特别的从军经历，让陆游的诗词注入了一股军人的雄浑之气，也成为他日后创作诗词的重要源泉。比如那首有名的《诉衷情·当年万里觅封侯》便是晚年回忆这段经历而作：

当年万里觅封侯，匹马戍梁州。关河梦断何处？尘暗旧貂裘。
胡未灭，鬓先秋，泪空流。此生谁料，心在天山，身老沧洲。

这首词通俗易懂，我们从字面就能理解陆游心中的惆怅。回忆当年为寻求建功立业的机会而跋山涉水，单枪匹马奔赴边境保卫梁州（南郑地区）。可是如今，只能在梦里找寻当年激情燃烧的岁月。梦醒了，我这又是在何处呢？爬起来，拿出当年出征的貂皮大衣，唉，上面早已落满了厚厚的灰尘。

现在，侵略者并未消灭，而我的头发已经花白，犹如秋天的白霜，什么时候能跨上我的战马啊？岁月如飞刀，刀刀催人老。年迈的我只能抹着眼泪长叹息，望着故国空悲切。我这一辈子，心始终在西北前线阵地，身体却只能老死在隐居之地了（沧洲是靠近水的地方，泛指隐士居住之地）。

对陆游来说，世界上最遥远的距离，是深爱的故土就在他面前，他却无法触碰。

从军备战的热情，好像一把火，燃烧了他的心窝。他钻研兵法，分析形势，写出了收复中原的指导性方案——《平戎策》。可是，很快朝廷就泼来一盆冰冷的水。

王炎被调回中央，备战的大后方没了主心骨，出师北伐的计划犹如雨下的泡沫，一触就破。八个月的日夜奔波，激情四射，换来的却是"冷冷的冰雨在脸上胡乱地拍"。陆游被调任成都府路安抚司参议官，哪儿来回哪儿去。他带着不舍和不甘重新回到了四川，途经剑门关的时候，天色阴沉，冷风斜雨，衣服被淋湿，他提笔写下了一首诗——《剑门道中遇微雨》：

衣上征尘杂酒痕，远游无处不销魂。
此身合是诗人未？细雨骑驴入剑门。

难不成这一辈子，我只能做个玩文字游戏的诗人吗？

刚来到四川，一切都是那么熟悉，而又那么陌生。昨天仿佛就在眼前，陆游不由得想起了曾经的战斗岁月。曾经在险峻的古垒旁、辽阔的原野上，他身背弓箭，打猎习武，臂挥雄鹰，手缚猛虎。那感觉，只有三个字——倍儿爽！直到夕阳西下，暮色苍茫，我们才尽兴归来，野营帐篷的青毡上早已落满厚厚的雪花。

喝几碗热酒，啃几口羊肉，然后奋笔疾书，酣畅淋漓地写下诗词歌赋。大家都在夸奖我，既作得了诗歌，又跨得上战马。嘿，这才是人生的巅峰时刻啊！

可如今，泪水迷失了我的双眼。冷冷清清，微风细雨，吹着孤独落寞的我。为什么偏要我离开南郑前线回成都呢？为了逛重阳节的药市？为了看元宵节的灯火？每当繁花盛开的时候，在那万人游乐的地方，我也斜戴帽子，提着马鞭，任马儿漫无目的地游走。每当听歌观舞、酒酣耳热的时候，我又会想起过去的战斗生活，唉，眼泪止不住哗哗地流。年轻的人们啊，请千万记住，人一定要靠自己，杀敌报国、建功封侯的事业是要去争取的，哪有什么上天安排好的事？

想起过去，看着现在，陆游将刚才的回忆与感慨写进了《汉宫春·初自南郑来成都作》：

羽箭雕弓，忆呼鹰古垒，截虎平川。吹笳暮归野帐，雪压青毡。

淋漓醉墨,看龙蛇飞落蛮笺。人误许、诗情将略,一时才气超然。

何事又作南来,看重阳药市,元夕灯山?花时万人乐处,欹帽垂鞭。闻歌感旧,尚时时流涕尊前。君记取、封侯事在。功名不信由天。

此后几年,陆游先后担任蜀州、嘉州(今四川省眉山市)等地的通判。在天府之国的四川,陆游造访各地风景名胜,游山玩水,不知不觉爱上了这里。

但是,快乐安逸的生活并未让陆游放弃北伐的梦想。他会时不时地给四川地方最高长官提建议:积极备战,收复失地。很多沉迷享乐的同事们并不理解,陆游这家伙是不是吃饱了撑得慌?众人的嘲讽让陆游倍感孤独,好在他在嘉州还有一个能谈得来的朋友——师伯浑,离开嘉州去其他地方任职的时候,陆游还特地为好友写了一首词——《夜游宫·记梦寄师伯浑》:

雪晓清笳乱起,梦游处,不知何地。铁骑无声望似水。想关河:雁门西,青海际。

睡觉寒灯里,漏声断,月斜窗纸。自许封侯在万里。有谁知,鬓虽残,心未死。

我不会因为别人的嘲讽、身体的衰老而放弃我的理想,改变我的志向!

淳熙二年(1175年),著名诗人范成大由桂林调至成都,担任四川制置使,他举荐陆游担任参议官。从此,二人虽为上下级,实为好朋友,经常在一起饮酒赋诗,相互唱和。一旁的同事们看不惯了,范长官随意,你陆游也能随意吗?他们早就对时常喊着北伐大业的陆游不满了,于是抓住机会议论纷纷,老陆可真是个不合时宜、狂放不羁之人啊!

听到闲言碎语的陆游哈哈大笑,既然你们说我狂,那我就狂到底。他干脆给自己起了个外号——"放翁"。从此以后,他在唐朝大诗人杜甫曾经居住过的地方——浣花溪畔建起了草屋,开辟了菜园,亲自耕种,过上了饮酒、赋诗、赏花、听歌、斗鸡、打猎的生活。"躲进小楼成一统,管他春夏与秋冬。"不再理会别人的眼光与讥讽,我就是我,不一样的"放翁"!

后来,范成大调回京城,陆游送了很长一段路程。临别时分,陆游以诗相赠,希望范成大回京之后能规劝皇帝"先取关中次河北""早为神州清虏尘"。范成大虽然是有名的诗人,但也是安于现状、喜欢享受的官员,他欣赏陆游的才华,但并不一定认同他的北伐计划。

是金子到哪里都散发着光芒!名气越来越大的陆游时不时被人提起,心血来潮的宋孝宗又亲自召见了陆游。原本想听听老陆新创的诗词,可是陆游又开始喋喋不休他的北伐事业。宋孝宗摇摇头,老陆还是这么没有眼力见儿啊!于是,他只得打发陆游到地方做官,担任福州、江西提举常平茶盐公事。

没过多久,宋孝宗又调任陆游为严州(今浙江省杭州市)知州。

有了新的任命之后,陆游既不兴奋,也不激动,不慌不忙地来到京城临安。在面见皇帝的前一天晚上,他住在西湖边旅馆的楼上,对朝廷妥协政策失望的他不再那么执着于当官干事、收复河山了。在小楼里,他听着春雨淅淅沥沥地下了一整晚,滴答滴,滴答滴。清晨时分,小巷深处传来了一阵阵叫卖杏花声。起床后的陆游,铺开纸张,练起书法。然后煮开水,沏好茶,望着窗外的美景,品上一口,嘿,真香!

当天便有了那首著名的《临安春雨初霁》:

世味年来薄似纱,谁令骑马客京华?
小楼一夜听春雨,深巷明朝卖杏花。
矮纸斜行闲作草,晴窗细乳戏分茶。
素衣莫起风尘叹,犹及清明可到家。

诗歌犹如一阵清新的空气,充满了市井里的小资情调,不再那么高大上,不再那么满是家国梦。写这首词的陆游仿佛一个看穿一切的世外高人,站在上帝的视角看人间繁华。

很快,这首诗以惊人的速度传遍了京城,传到了皇宫。宋孝宗笑了,这个老陆终于开窍了,早该这样嘛!安于南方有什么不好?杭州多美啊!

君臣见面之后,宋孝宗还不忘侧面敲打一下:"严州是个山清水秀的地方,你工作之余,可以到处游玩游玩,写点好诗词。"

潜台词就是,你也该消停消停,专心享受了,别老想着打仗啦,北伐啦!

陆游严州知州任期到了之后,奉旨欣赏风景、刻意低调的陆游反而升职了,担任军器少监,掌管兵器制造与维修,又回到了京城。

淳熙十六年(1189年),宋孝宗效仿宋高宗的做法,禅位于赵惇(宋光宗)。陆游仿佛又看到了希望,那颗被压抑很久的心又开始"躁动"起来。他频繁上书,建议"减轻赋税、惩贪抑豪""缮修兵备、搜拔人才""力图大计"等,又劝告宋光宗带头节俭、广开言路。

可他并不知道新皇帝未必有新气象。敏感多疑、听信谗言的宋光宗显然不是能够扛起北伐大旗的那块料。早就对陆游不满的官员们开始群起而攻之,这老头,才消停几天啊?又开始叫喊着打仗了,就他一个人爱国?在谏议大夫何澹的弹劾下,陆游领了"不合时宜""嘲咏风月"的"双证",光荣下岗了,只得回到山阴老家。

被人误会又怎样

唉,罢了,罢了。陆游心灰意冷却又不愿妥协。你们不是说我是只知道写风月景色的老头子吗?不是嫌我不合时宜吗?我干脆把老家住宅直接改为"风月轩"。

此后的十几年,陆游在山阴老家过上了简单朴素的田园生活,他亲自耕田锄草,种菜养鸡,还利用业余时间研究中医。除了自己养生,他还经常带上药箱,骑着毛驴,给附近的乡亲们看病,受到当地村民们的一致好评。

闲暇时刻,他依然没放弃家国梦,提笔写下了很多怀念之前战斗岁月的诗词。《谢池春·壮岁从戎》便是其中的代表:

壮岁从戎,曾是气吞残虏。阵云高、狼烽夜举。朱颜青鬓,拥雕戈西戍。笑儒冠、自来多误。

功名梦断,却泛扁舟吴楚。漫悲歌、伤怀吊古。烟波无际,望秦关何处。叹流年、又成虚度。

想当年,从军之时,我能一口气吞下整个敌人的部队。厚厚的云层压着大地,烽火的狼烟突然蹿起。照着我那红润的脸庞、乌黑的头发,我拿着长枪,披着貂裘,雄赳赳气昂昂,跨过大西北。那是何等的畅快!唉,笑一声,哭一次,自古儒生文人耽误了多少宝贵的青春时光啊!

建功立业的梦想已经破灭,我只能泛舟于吴楚之地的江河之上。孤独,寂寞,冷!高歌一曲,伤心落泪,凭吊古人,对酒诉衷情。问苍茫大地,边关到底在哪里?找不到位置,找不到方向,大好的年华,就这样白白地浪费了。

"老当益壮，宁移白首之心？穷且益坚，不坠青云之志！"正是陆游晚年的写照。

还有机会吗？

好像还有！

此时的朝堂之上，发生了巨大的变化。宋孝宗病逝，向来与父亲不和的宋光宗竟然假称生病而拒绝穿孝服，舆论一片哗然，惹上了众怒。这家伙，连表面工作都懒得做了，还指望他为我们谋实实在在的福利吗？

皇亲国戚韩侂胄（他的母亲和宋高宗的吴皇后是亲姐妹）与知枢密院事赵汝愚等人乘机而入，发动政变，废除宋光宗，拥护太子赵扩为帝，是为宋宁宗。宗光宗就这样被下岗了，莫名其妙地成了太上皇。

因为拥立宋宁宗有功，韩侂胄被宋宁宗封为太师、平章军国重事（宰相）。新官上任三把火，经过一系列的政治斗争，韩侂胄迅速集中权力，贬低秦桧，抬高岳飞，拉拢天下有才能的人，起用了辛弃疾、陆游等一批知名抗战人士，积极准备北伐。

在众人的期盼与渴望中，一场轰轰烈烈的北伐开始了。在中央做官的陆游原本冰冷的心又开始燃烧起来，仿佛看到了收复河山的希望，在韩侂胄的朋友圈里频繁点赞，写诗称颂。

可是韩侂胄不是虞允文，志大才疏，两次北伐均以失败告终。最后他被投降派首领史弥远设计杀害，人头也被装进匣子送往金国。最终，南宋与金国签订了耻辱的"嘉定和议"——南宋称呼金国为伯伯，自己为侄子，丢人丢大发了。不仅如此，南宋每年还要向金国增加岁币三十万两、绢三十万匹，另加犒军银（赔款）三百万两。别人打了你，你还得笑呵呵地赔偿他拳头损失费。

投降派的官员不以为耻反以为荣，沾沾自喜地称其为"安边协议"，割下一颗头，安定一片土。相对于这帮委曲求全的卖国贼，韩侂胄好歹也为南宋的雄起拼搏过！

什么操作？这也叫"安边"？朝廷的和议让积极主张抗战的陆游心里凉了半截，我要上书，请求朝廷继续进攻！宁可站着死，也不跪着生。

于是陆游献上奏折，极力劝说朝廷继续北伐。别怕！你们身后还有广大的人民群众。

投降派发怒了，老东西，你自以为诗词名扬天下，就可以在我们面前指手画脚吗？分分钟弄死你。

于是诬陷陆游的谣言四起：你们以为他真的爱国吗？他不就是想趁着北伐为自己和子孙谋取官位和福利吗？他打着爱国的幌子想把国家拖下战争的深渊，其心可诛，阴险至极……

唉，生亦何欢，死亦何苦？我都一把年纪了，还在乎官职与名气？

陆游深深地叹了一口气，多少年浮浮沉沉，我又怕过谁？多少次嘲讽挖苦，我又何曾被击倒？无论何时何地，依然要像梅花一样绽放。

于是他提笔写下了《卜算子·咏梅》：

驿外断桥边，寂寞开无主。已是黄昏独自愁，更著风和雨。

无意苦争春，一任群芳妒。零落成泥碾作尘，只有香如故。

寂寞无主的幽梅，在驿馆外断桥边开放。已是日落黄昏，她正独自忧愁悲伤，一阵阵凄风苦雨，不停地敲打在身上。她从不想争奇斗艳，却遭到百花的嫉妒与怨恨。虽然如此，她却依然从容潇洒，纵然片片凋零，落入泥土，她的芬芳也会留在路上与空中。

欣赏咏物词需要把内容跟作者的经历与思想结合在一起。陆游一辈子主张北伐恢复中原，结果南宋朝廷如同扶不起来的阿斗，不仅懒

无意苦争春，一任群芳妒。
零落成泥碾作尘，只有香如故。

得雄起,还不断打击、残害想要雄起的人。他一生起起伏伏,挫折不断,却从未消沉,哪怕"零落尘泥碾作尘",也要留香人间。

不屑于作词、一心做诗人的陆游,随手一写,就是经典。他的词婉约起来缠绵悱恻,《钗头凤》哭红女人的双眼;豪放起来激情澎湃,《诉衷情》激发男人的雄心壮志;平静起来淡定从容,《卜算子·咏梅》令人笑对风起云涌。

北伐失败,奸臣当道,丧权辱国。八十五岁的陆游气得一病不起,在人生的最后时刻还不忘收复河山,写下了《示儿》:

死去元知万事空,但悲不见九州同。
王师北定中原日,家祭无忘告乃翁。

但是,南宋软弱的对外政策,让王师北定成了最后的白日梦。梦醒了,睁眼一看,到处都是蒙古铁骑。在大宋灭亡的那一刻,有个人用词写下了最后的绝唱,点燃了大宋最后的绚烂烟花。

文天祥·大宋最后的绝唱

他出生在吉州庐陵（今江西省吉安市）的书香门第，被父母取名文云孙。家境富裕的他从小熟读四书五经，学堂里挂着欧阳修、胡铨等忠臣的画像。他时不时感慨，如果不能成为画像中的一分子，我怎么能称得上是真正的男子汉呢？把什么样的人当作偶像，决定了你将来发展的方向。

长大后的文云孙越来越帅，身材魁梧，皮肤白皙，双眼有神，仿佛行走的"荷尔蒙"，无论他在哪里都是焦点。

长得帅就够让人嫉妒的了，人家还特别勤奋有才。

文云孙二十岁就高中进士，他在殿试中的对策不打草稿，一气呵成，洋洋洒洒写了一万多字。考官胡应麟看完后兴奋地向皇帝宋理宗报告："这份试卷的作者忠心赤胆，好似铁石，朝廷能够得到这样的人才，实属难得！"

宋理宗亲自拿来答卷，一看，哎呀，人才啊！真是上天降下了祥瑞啊。大笔一挥，状元就是你了！从此文云孙改名"文天祥"，改字"宋瑞"。

多少文人终其一生也完不成的目标，被他年纪轻轻就轻易完成了。可惜他还没来得及展示才能，父亲就突然去世了，他不得不回到家中守丧。

南宋末年，皇帝懒得理政，奸臣贾似道专政，他买卖公田，滥印钞票，将国家的钱纳入自己的私人腰包，上行下效，无人关心朝政。蒙古大军磨刀霍霍，认为这些南宋人简直就是待宰的羔羊嘛！于是兵分三路，大举南侵。宦官董宋臣建议宋理宗迁都，赶紧向南边闪人吧，总比待在这里等死好啊。

朝廷上下无人提出抗议，因为开国皇帝宋高宗当年不也是逃到海上躲过一劫的吗？所以逃跑不丢人。

时任宁海军节度判官的文天祥听到后愤怒上书，战斗还没打响，就想着逃跑？只想着逃跑的朝廷岂能长治久安！还有，我们能跑到哪里去？他请求皇帝斩杀董宋臣，稳定人心。

他的建议未被皇帝采纳，文天祥干脆裸辞回老家。

但是，战争四起，朝廷正值用人之际，于是升他为提点江南西路刑狱、尚书左司郎官。

很快，长江上游告急，南宋军节节败退。皇帝急诏天下兵马勤王，快来救救朕哪。

可是没几个人响应。大家只顾自己的小命，哪个管你的江山落入谁手？文天祥看着诏书，痛哭流涕，我大宋到底怎么了？

危急时刻，他变卖所有家产，联络各方义士，迅速组建了一支万余人队伍，准备和元军决一死战。朋友制止他，现在元兵势不可挡，正在攻打京城，你带领这些乌合之众又能起到什么作用？岂不是羊入虎口？省点力气吧！

文天祥点点头，他又何尝不清楚此番前去，乃是以卵击石。但他觉得明知山有虎，偏向虎山行，是一个男人和民族必备的精神。别人杀你妻儿、占你良田、毁你国家，难道我们连还击的勇气都没有吗？

他说道："我也明白你说得对。但国家养育大家三百多年，如今国家危在旦夕，皇帝征集天下的兵丁，却没有人响应，这让我很痛心。

总要有人站出来。所以我准备以身殉国,希望天下忠臣义士看到我的举动后,能站起来保家卫国,誓死抵抗,那样我们或许还有反败为胜的机会。"

文天祥已经做好了随时赴死的准备。

可是南宋朝廷早已腐败透顶,如一盘散沙,在民族危亡的时刻,还不放弃内斗与享乐,在关键时刻,投降的投降,逃跑的逃跑。朝廷火速提拔忠心耿耿的文天祥为右丞相兼枢密使,命他作为使臣北上,同元军谈判议和。

于是他和他原来的同学邓剡一起上了路,只是邓剡中途生病,留下医治,临别之际,邓剡写下《念奴娇·驿中言别》为他送别:

水天空阔,恨东风、不惜世间英物。蜀鸟吴花残照里,忍见荒城颓壁。铜雀春情,金人秋泪,此恨凭谁雪?堂堂剑气,斗牛空认奇杰。

那信江海余生,南行万里,属扁舟齐发。正为鸥盟留醉眼,细看涛生云灭。睨柱吞嬴,回旗走懿,千古冲冠发。伴人无寐,秦淮应是孤月。

"大哥,此番前去,凶多吉少,临别之际,唯有赠词一首。"邓剡眼含热泪。

"好词,好词,你决心与敌人抗争到底,我也不会屈辱求生。"文天祥看到山河破碎,感慨万千。拿起毛笔,写下《酹江月·和友驿中言别》:

乾坤能大,算蛟龙、元不是池中物。风雨牢愁无著处,那更寒虫四壁。横槊题诗,登楼作赋,万事空中雪。江流如此,方来还有英杰。

堪笑一叶漂零,重来淮水,正凉风新发。镜里朱颜都变尽,只有丹心难灭。去去龙沙,江山回首,一线青如发。故人应念,杜鹃枝上残月。

《酹江月》就是《念奴娇》，苏轼《念奴娇·赤壁怀古》中有一句"一樽还酹江月"，唱将根据苏词的曲调来唱和（一个人作了诗或词，别的人按照原韵相应作答）朋友的《念奴娇·和友驿中言别》。

天地乾坤，广阔无垠，你我非池中之物，他日定能蛟龙飞天，干一番宏图伟业。风雨缥缈，寒风习习，又有虫鸟哀鸣，让人心烦意乱。不管是像曹操那样拿起铁枪题写诗歌，还是像王粲那样登上高楼创作文章，都要在历史中化为一场空。但是世界生生不息，江山代有人才出，将来肯定还有英雄豪杰来完成我们未竟的事业。

如今的你我，如同落叶随风飘零，又来到秦淮河畔，凉风迎面吹来。虽然镜子里的容颜衰老，但报国之心依然不变。我将要离开故都，前往荒无人烟的沙漠，回望祖国山河，一片青葱之色，却已落入敌人之手。老朋友想起我的时候，就听听树枝上杜鹃的悲鸣吧。它们的叫声中也饱含了我的愤懑与不屈。

文天祥在这首词中直抒胸臆，苍凉悲壮。这首词也宛如一道闪电，划破了漆黑的夜空，成了宋词最后的光辉。

写完这首词，文天祥毅然决然踏上北去之路。

在敌营，他义正词严，毫不退却。元军主帅伯颜发怒了，你这是来议和，还是挑衅的？你不该卑躬屈膝地求我吗？

文天祥的义正词严也抵抗不了元军的铁蹄，他被扣留了下来。

崖山海战之后，元军以少胜多，宋朝左丞相陆秀夫（与文天祥、张世杰并称宋末三杰）背着年仅8岁的少帝赵昺在崖山投海自尽，十万军民同时跳海殉国，南宋覆灭。

孤掌难鸣，身处敌营的文天祥面对敌人接二连三的劝降，始终不为所动。

最后，忽必烈亲自前来劝说："你如果能像效忠宋朝皇帝那样效忠我，宰相的位置就是你的，怎么样？"

面对这种情形,百分九十九点九的人都会心软,继而感激涕零,但是这样更显得剩下的百分之零点一的人多么可贵。

文天祥闭着眼睛,长叹一口气,高昂着头说道:"什么都不要说了,国家灭亡了,我别无他求,但愿一死!"

大臣们佩服他的勇气,纷纷劝说忽必烈:"放了他吧。"忽必烈心软了,留梦炎却阻止道:"如果文天祥活着,必然会号召江南的义士们继续抗击元军,不如杀掉,断掉他们的幻想。"人与人之间的差距立刻显现,同样是状元(留梦炎中过状元),却是完全不同的境界。

第二天,文天祥被押往刑场,监斩官问:"你还有什么话要说,现在想通了还来得及。"

"死都死了,还说什么?"文天祥面向南方跪拜,闭着眼睛说,"我的事情都了结了,心中无愧!"

他要用这种方式激励南方的百姓继续抗争。

阅人无数、戎马一生的忽必烈敬佩地感叹道:"好男儿,不能为吾所用,杀之诚可惜哉!"

在国家陷入危亡之际,文天祥积极抗争。也有的文人在国家危亡之际,积极谈恋爱。从而形成了南宋文坛上两种不同的词风。

史达祖·"金牌助理"的快活人生

"嘿，你的报告为什么这么快就批下来了？"一位油腻脸官员不解地问旁边的同事。

"想知道？"旁边瘦高个的官员神秘地笑道。

"这不废话嘛，快说啊。"

"那你得请我吃一顿！"

"没问题，醉仙楼。我请客！"

两人一边喝酒，一边聊天。

"现在总可以说了吧？你小子是不是跟二号人物有关系？"油腻脸官员端起酒杯敬对方。

"这年头，没有关系，你可以用钱跟他套近乎嘛。"瘦高个眼睛滴溜溜地转着，"诀窍有俩，一是银老爷，二是官老爷。"

"嘿，你小子，别卖关子，银老爷就是银子，官老爷是什么？"

"哈哈，我们这位二号人物不仅公开伸手要钱，还喜欢别人把他捧得高高的。每次你提交文书的时候，最好在封面上写一个大大的'呈'字，以示对他的尊敬。"瘦高个的话让油腻脸似懂非懂。

"写个'呈'字，就那么快活？"

"当然了，像他这种参加多次科举都考不上的人，心里肯定嫉恨又自卑，特别喜欢我们这种科举正规军向他低头啦。"瘦高个小心地看了看四周,压低嗓子说道。

"哦,哦。他的命真好,如果不是遇到韩大人,还不知道在哪里要饭呢。"油腻男吃了一粒花生米,嘲笑道。

"不过,你还别说,他的词曲的确无人能比,据说最近又新创了一个词牌,叫《绮罗香》。"

"哦?有点意思,快,快,把他的新词念来听听。"油腻男迫不及待地说道,那厮虽然多次考不上,写的词却令人欲罢不能。

"好,我来念念啊。"瘦高个清了清嗓子,便念出了《绮罗香·咏春雨》:

做冷欺花,将烟困柳,千里偷催春暮。尽日冥迷,愁里欲飞还住。惊粉重、蝶宿西园,喜泥润、燕归南浦。最妨他、佳约风流,钿车不到杜陵路。(钿车:用珠宝装饰的车。杜陵路:地名,在今陕西省西安市长安区东南。)

沉沉江上望极,还被春潮晚急,难寻官渡。隐约遥峰,和泪谢娘眉妩。临断岸,新绿生时,是落红、带愁流处。记当日、门掩梨花,剪灯深夜语。

唱完词,瘦高个不忘点评点评:"春雨寒冷如冰,欺负早开的花朵,雾气弥漫如烟,柳条疲困低垂,千里烟雨正催促春天最后的脚步,'欺''困''催'写活了景物,前三句从触觉、视觉、听觉几个角度来写春雨。

"蝴蝶整日里昏昏欲睡,满腹忧愁地飞来飞去,又忽然停住,扇动被打湿的翅膀,栖息在花园里。燕子喜欢用湿润的泥土筑巢,飞来飞去。最让人无奈的是,春雨没完没了,道路泥泞打滑,车子陷进泥土,到不了约会的地点,妨碍了男女在佳期的约会,怎么办呢?到渡口坐船去吧。

"极目远眺，江面上烟雾缥缈，江水急速奔涌，我找不到船渡口。远山隐约可见，好像美人泪眼含情脉脉，轻声呼唤着被路阻挡的情郎。绿色的水波涨起，接近残破的河岸，微风吹过，片片红色的花瓣飘落，带着无限的忧愁流向远方。记得那天，门外梨花飞扬，我和她手握着手在灯下深情对视、开心聊天。"

油腻脸也被打动了："好词啊，全篇没有一个雨字，却让人感觉春雨处处不在，情意连绵不绝，不愧是韩大人的金牌笔杆子。"

"可惜，他不干正事，韩大人的北伐大业不是搂着美人腰、流着相思泪就能实现的。"瘦高个的一句话点醒梦中人，韩侂胄的身边如果都是这样的人，北伐能成功吗？

他们口中的金牌笔杆子名叫史达祖。他在宋朝很有名，自创了不少词牌，人们把他和周邦彦、姜夔相提并论。他有幸成为韩侂胄的贴身秘书以后，却多次参加科举都未考中，他为了将考试失败的郁闷与自卑彻底发泄出来，公然收受贿赂，尽情享受人生，特别喜欢别人向他提交报告总结的时候毕恭毕敬地写上个大大的"呈"字。

朋友劝道："老兄，你得低调啊。"他却听不进去，低调？我的实力允许吗？他继续我行我素。

生活富裕、追求享受之人的歌词的内容自然不会想到北伐、战斗啊什么的，即便咏物，基本通篇也是相思泪与美人影。

跟陆游的《卜算子·咏梅》比较一下，《绮罗香·咏春雨》的风格完全不一样。追求物质享受的人，咏春雨是为了遇见美丽的姑娘；而追求精神生活的人，咏梅花是为了提升自己的品行。

两种词的风格说不上谁差谁好，都有自己的特色。

南宋文坛上咏物词大致可以分为两种：一种描写的画面像水墨画，不对歌颂的景物作细致逼真的描写，只注重宣扬景物的"品格"，在不知不觉中表现自己的人格与精神；另外一种描写的画面则像工笔画，他们在词中仔细描写景物的外形与姿态，一笔一划地雕刻出来，让人感觉画面特别生动逼真。

元朝人编写《宋史》时，将主张抗敌的韩侂胄定为奸臣，他的第一秘书自然成了"奸秘"，加上他曾贪污受贿，口碑不佳，流传下来的作品自然就较少。

有的文人单纯从文学创作的角度来看，是高手中的高手。但从个人品质来看，也许就不是那么回事。下面这位文人如果以现代的眼光来评判，那就是极品渣男。

戴复古·不看诗词，我就是个渣男

"为什么突然要走呢？难道我们对你不好？还是哪里怠慢了？"一位身着刺绣罗纱襦裙、搭着青色披肩的女子问。她的眼睛里荡漾着清澈的水，仿佛小溪里摇曳的水草。

"我，我还是走吧……"男人穿着白色的襕衫，简洁朴素中透着儒雅之气。眼睛刻意躲避着对方，说话结结巴巴。

"你是不是有什么难言之隐？"女人温柔地问道。自从丈夫当年流落武宁到现在，两人结婚几年了，虽然恩爱如初，相敬如宾，但她却始终感觉没有走进丈夫的心里，到底为什么？难道他不爱我吗？怎么好好的要走呢？

"我，我，对不起你，其实我之前在老家已有妻室，现在他们生活困苦，我得回去照看……"男人的眼睛红了，他的话如同晴天霹雳打在妻子的头顶。

为什么？为什么？几年来，女子深爱着眼前的这个男人，跟他学习填词谱曲，全力操持家务，让他安心地创作。

得知情况的老丈人气得火冒三丈，跑过来质问女婿："不知好歹的家伙，当年你流落街头，我爱惜你的才华，包你吃住，供你读书，还把女儿嫁给你，你居然……"老头激动得说不出话，他在当地也算有头有脸的人物，家产雄厚。难不成我让女儿给你做小妾？我怎能咽下这口气?

"对……对不起,都是我不好。"男人恨不得把头埋进地里,他从来没有考取过功名,只是一个名气很大而生活贫困的江湖诗人,妻子的温柔贤惠,岳父的仗义相救,让他感激不尽。可是现在,老家妻儿嗷嗷待哺,无论如何也得回去啊。

看到父亲又要说什么,女人抢先开口:"父亲,您不要说了,相公也有苦衷,让他走吧。"她明白丈夫的理想:以吟诗为业,读万卷书,行万里路。即使现在硬把他留下来,他心也不会安定。

"夫人……"男人无语哽咽,他也曾想过不再流浪,也曾质疑过理想。早年他拜在陆游门下学习作诗,名气越来越大,却始终无法安定,到处交游,花光了家中所有积蓄,生活也越来越贫困。直到遇到现在的妻子,他才有幸福安定的生活,人一辈子到底想要什么?名气?利益?还是家庭?

此时此刻,残酷的现实催他回去。

"这些你带着。"第二天早上,妻子拿出自己所有的金银首饰和积蓄,送别丈夫。

"这是?"

"我的一点心意,路上用得着。"

"夫人……"男子的眼泪从花白的鬓角往下流淌,他辜负了妻子,对方却以德报怨,唉,我真不是个男人。

坐在马车上,他打开包裹,里面露出妻子赠送的一首词《祝英台近·惜多才》:

惜多才,怜薄命,无计可留汝。揉碎花笺,忍写断肠句。道旁杨柳依依,千丝万缕,抵不住、一分愁绪。

如何诉。便教缘尽今生,此身已轻许。捉月盟言,不是梦中语。

后回君若重来，不相忘处，把杯酒、浇奴坟土。

妻子站在江边，望着丈夫远去的方向，山一层水一层，望穿秋水梦不成，我无脸面对街坊邻居们的嘲笑，无脸面对亲人朋友们的期盼，更无心与别的男人重建家庭。

她纵身一跃，跳进了冰冷的江水中。

十年以后，男人故地重游，听闻女子早已投水自尽，顿时泪如泉涌，面对人去楼空的断墙破壁，题下《木兰花慢·莺啼啼不尽》：

莺啼啼不尽，任燕语、语难通。这一点闲愁，十年不断，恼乱春风。重来故人不见，但依然、杨柳小楼东。记得同题粉壁，而今壁破无踪。

兰皋新涨绿溶溶。流恨落花红。念著破春衫，当时送别，灯下裁缝。相思谩然自苦，算云烟、过眼总成空。落日楚天无际，凭栏目送飞鸿。

黄莺鸟叫个不停，燕子自言自语，听不懂它在说什么。痛苦悲伤的情绪，十年萦绕在心头从未间断，春风也被愁绪搅乱。旧地重游，故人不见，我们曾经携手穿过的杨柳树，依然在风中轻轻地摇摆。那个时候，我们共同在墙壁上题诗，而如今，再也看不到当初的诗句了。

长满兰草的沼泽，泛起一片清新的绿色，凋零的红花含着遗憾在沼泽里翻腾。身上已经穿破的衣衫，正是十年前分别之时，你在夜灯下一针一线为我缝制而成的。想念你，不停地想念你，算起来，往事如烟，时光飞逝，眼前的一切空空如也。夕阳里，暮色中，我仰望漫无边际的天空，只能靠着栏杆，目送远去的飞鸿。

他用口语的方式写出了凄婉连绵的情意，真是高手中的高手，难怪女人愿意为他去死。

男人的名字叫戴复古，女人没有留下名字，后世称之为戴复古妻。

戴复古出生在一个穷书生家庭，父亲戴栋一辈子只干一件事——写诗。但在古代，文人如果不能拼爹拼爷，又不参加科举考个功名，很难维持基本的生活。周围的朋友都劝他："老戴，你赶紧参加科举考试吧。"戴栋断然拒绝："我不，不想去！"临终的时候，他留下遗言：我没有机会把儿子培养成诗人了。

有个性的基因遗传到儿子身上，戴复古听说父亲的临终遗言，开始专心学诗，广泛结交文人雅士，又拜陆游为师，渐渐有了名气。

在南宋中后期，文坛出现了一个新的群体——江湖诗人。这些人要出身没出身，要官职没官职，考试考不上，赚钱赚不了。为了混口饭吃，到处给权贵、官员、富豪们献诗词。权贵们不缺钱财和权力，缺的是名声，他们通过圈养一批江湖诗人，给自己说好话，打广告，制造舆论，提高口碑，从而获取更大的权力与利益。

在江湖诗人中，有的人的确有才华，但是大多数人只不过是渗透丐帮的文艺界混混，你不给我钱，我就写诗搞臭你的名声。

他们走江湖，跟唐朝诗人的干谒不同。唐朝的科举不糊名，提前干谒权贵，得到点赞与推荐，能在科举考试中加分。而宋朝的科举考试采用了糊名与誊录制度，公平性大大提高，想要通过提前打广告而在科举中加分是不可能的了。

所以江湖诗人只求填饱肚子，混个温饱，真正有才华和品格的不多，真正过上富裕生活的也极少。

戴复古就属于有才华和骨气的江湖诗人。但是在宋朝，不参加科举，很难得到朝廷的重视。他跟朱敦儒不同，人家老朱家产雄厚，不愁吃喝，而他穷得叮当响，一边写诗一边流浪。来到武宁的时候，他碰到了现在的妻子，看到女方家庭条件不错，就住下来了。按照现在的法律，他犯了重婚罪，即使不用坐牢，媒体也会把他推上渣男排行榜。

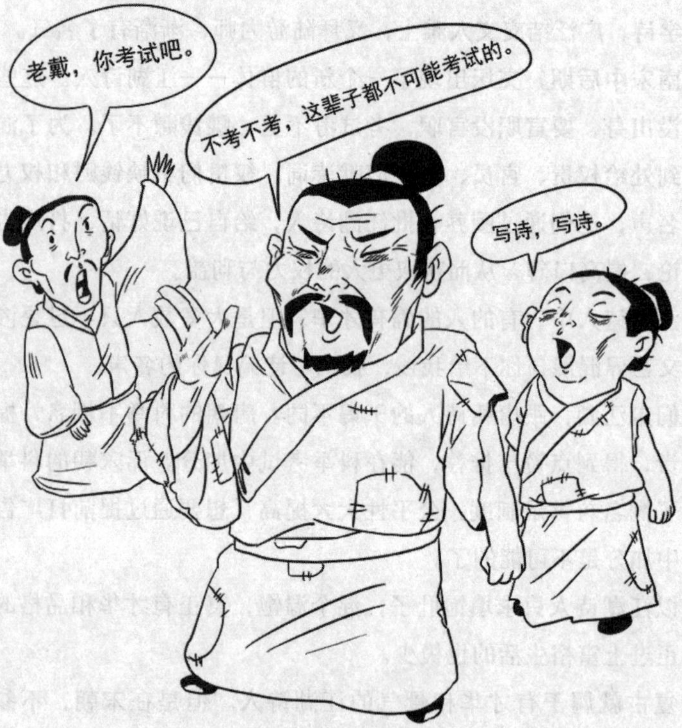
老戴，你考试吧。
不考不考，这辈子都不可能考试的。
写诗，写诗。

但在那个时代,社会的舆论对男人有利。戴复古在诗歌方面的确取得了重要成绩,自成一派。有人评论他不想出卖自己的灵魂,懒得追求功名利禄。我个人倒不这么看,宋朝的科举考试非常公平公正,又不像明清的八股文取士那么泯灭人性,政府通过科举也选出了一大批人才。对贫寒子弟来说,科举是一条非常好的求生途径,只要花点时间认真钻研考试技巧,至少能考个进士,养活一家人不成问题。戴复古到处漫游,提升名气,不就是想得到别人的认可和朝廷的重用吗?

参加考试并不丢人,在同一起跑线与别人公平竞争,有什么不好?他一生漫游各地,为了扬名天下,连续辜负了两位妻子,老家的原配夫人生病去世前留下两句诗:"机翻白苎和愁织,门掩黄花带恨吟。"在外漫游的戴复古感慨万千,回应两句:"求名求利两茫茫,千里归来赋悼亡。"

自己都承认为了追求名利而四处奔波,又何来懒得追求名利之说呢?

从悼念亡妻的词来看,戴复古情深义重;从残酷的现实来看,他自私冷漠。

到了南宋中后期,词已经被前人写烂了,豪放的有了,婉约的有了。更多的人开始忽视词本来的演唱功能,用词作武器抒发爱国热情与生活感想,但有一个人始终坚持歌词即演唱的原则,走街头里巷的情爱路线,沉下心去开发新的曲子,在高手如云的宋词领域也拥有了一席之地。只不过他终身没有考中进士,穷困潦倒,因为写词被人赏赐的老婆也因为养不起而又不得不送给他人。

他就是南宋后期的顶级词曲创作人——姜夔。

姜夔·一边是饥饿的肚子，一边是出色的才华

才华惊呆了众人

姜夔出生于一个低级官员家庭，担任知县的父亲很早就去世了，他跟着姐姐一家人生活。他是个顶级学霸，琴棋书画样样精通，却不是个考霸，他连续四次参加科举，都名落孙山。

没有做官资格，又无法拼爹拼祖宗，他只能四处流浪，成了江湖诗人的一份子。经过扬州的时候，他放眼望去，一片荒凉，曾经繁华的城市因为金兵进犯而变得萧条动荡。

姜夔心生悲凉，唉，好好的一座城，为何就变成了这样了呢？"废池乔木""清角吹寒""冷月无声"，如果杜牧故地重游，会不会惊掉下巴？唐朝的繁华大都市怎么变成了落后小农村了呢？桥边的芍药花，就算你绽放得美丽多姿，又有谁来欣赏呢？

于是他自创《扬州慢》的词谱，写出了《扬州慢·淮左名都》：

淮左名都，竹西佳处，解鞍少驻初程。过春风十里，尽荠麦青青。自胡马窥江去后，废池乔木，犹厌言兵。渐黄昏，清角吹寒，都在空城。

杜郎俊赏，算而今、重到须惊。纵豆蔻词工，青楼梦好，难赋深情。二十四桥仍在，波心荡、冷月无声。念桥边红药，年年知为谁生？

既是对扬州城的感叹,也是对自己人生的感慨。

姜夔不同于那些混吃混喝的江湖派诗人,他的才华是得到了大人物的认可与赞赏的。

与范成大、杨万里、陆游齐名的诗人萧德藻读到姜夔的词,听到他的曲,竖起大拇指,并把自己的侄女许配给姜夔为妻子。

从此,姜夔有了一个靠山,稳定了生活的菜篮子,进入了豪华朋友圈。

萧德藻将他介绍给杨万里、范成大等名人,那些高官文人读了姜夔的诗词之后,大力点赞。从此,姜夔名扬天下,连朱熹、辛弃疾都对他刮目相看。

姜夔多才多艺,诗词、散文、书法、音乐等无所不精,是继苏轼之后的又一个全能型文人。但他比苏轼悲催,多次参加科举,一次也没考中。在以科举论英雄、以编制论工资的时代,这相当于被打入冷宫,一辈子穷困潦倒。毕竟作词作曲只能算作附庸风雅的副业,谁也不能拿它当饭吃。

可惜,他生在了科举为王的古代。

一大家子,总不能天天在萧德藻家里蹭吃蹭喝吧?好男儿志在四方,但也要赚钱养家。他常年来往于苏州、杭州、合肥、金陵、南昌等地碰运气,好工作没找到,好女人倒碰到一个。他在合肥的赤阑桥畔遇到了善弹琵琶的红颜知己(歌伎),二人一同游山玩水,泛舟河上,无话不谈。

女子深情地弹唱大才子的词曲,她的柔情似水给四处漂泊的姜夔带来了无限温暖与慰藉。此后的二十年间,姜夔多次往来合肥,一个善奏古琴,一个善弹琵琶,你来我往,才子佳人,爱得甜蜜蜜。

可是,既无功名也无钱财的穷才子无法将她娶回家中,连自己都养不活,怎么可能养活歌伎?

纵有千般相思，只能化作一首首词曲去抒发自己的情感。

多年以后，元宵佳节，姜夔梦到情人，醒来后心中一阵刺痛，写下了《鹧鸪天·元夕有所梦》：

肥水东流无尽期，当初不合种相思。梦中未比丹青见，暗里忽惊山鸟啼。

春未绿，鬓先丝，人间别久不成悲。谁教岁岁红莲夜，两处沉吟各自知。

肥水汪洋向东流，永远不会停止。早知今天如此伤心难过，当初真不该结下孽缘，苦苦相思。我梦见了你，又能怎样？始终看不清你的脸，摸不到你的手。即使这样模糊的梦，也常常被讨厌的山鸟时时惊醒。

春草还没有变绿，我的两鬓已经花白，无奈岁月无情催人老。我们分别太久，离得太远，一切伤痛都会被时光慢慢抹去。可是，在这团圆佳节，我的心为什么这么痛？只有你和我，才能明白其中的原因吧。

爱情睡醒了，该干吗干吗。还是填饱肚子最重要。这年冬天，他踏着雪去拜访著名诗人范成大。

存够了钱的老范已经在江苏石湖别墅隐居，那里有山有水，有亭有楼。作词高手来到石湖，岂能不让他作词作曲？范成大准备了丰盛的宴席，迫不及待地邀请姜夔一展才华："小姜，最近可有新词曲？"

吃别人的，喝别人的，总得有所表示。看着范成大别墅里盛开的梅花，他想起了刚刚分别的恋人，当场填了歌词，配上新曲。

范府歌伎一开嗓，全家老小惊掉下巴。

全新的音乐，高雅的歌词，飞一般的感觉，好特别！

谁教岁岁红莲夜，
两处沉吟各自知。

范成大频频点赞，音调婉转，词意深沉，不错，不错！

姜夔亲自填词填曲，现场自创词牌，借用北宋诗人林逋《山园小梅》中"疏影横斜水清浅，暗香浮动月黄昏"两句诗，给两首新词分别命名为《暗香》《疏影》。

其中《暗香·旧时月色》的音调节奏舒缓，声音婉转动听而悠扬，仿佛一把二胡在拉着《风居住的街道》。宋代人喜欢梅花和竹子，写梅写竹的诗词很多，但真正有名气的却很少，这首词写出了梅花的新境界，开创了宋词的新高度。

旧时月色，算几番照我，梅边吹笛。唤起玉人，不管清寒与攀摘。何逊而今渐老，都忘却、春风词笔。但怪得、竹外疏花，香冷入瑶席。

江国，正寂寂。叹寄与路遥，夜雪初积。翠尊易泣，红萼无言耿相忆。长记曾携手处，千树压、西湖寒碧。又片片、吹尽也，几时见得？

对于比较晦涩难懂的诗词，可以抓住词中的关键字词去理解，比如"渐老、冷、叹、夜雪、无言、相忆、几时见"等，这些词放在一起，让人想到在寒冷的雪夜里，思念远方的故人，叹息着何时才能见面。

皎洁明亮的月色，多次映照着我，梅花树下，花瓣纷飞，我吹起音调婉转的玉笛，想起了曾经最美的回忆，我和她一起采摘梅花，顾不上寒风清冷，我微笑地看着你，你含情地看着我。如今，我的身体渐渐老去，文笔慢慢退化。看哪，竹林外稀疏的梅花，飘来幽香。静静地，静静地，想折一枝梅花，寄给远方的你。

可是路途遥远，风雪茫茫，你在哪里，你在哪里？捧起翠玉酒杯，泪水忍不住流淌。想起我们曾经一起携手赏梅，一起踏雪相拥，好难过。我们以前走过的地方，上千红梅竞相绽放，倒映在美丽的湖面上。现在，梅花被寒风一片片吹落，何时才能重见她幽香的身影？

这首词写得含蓄深沉而又情真意切,不像"泪蛋蛋掉在酒杯里"那么通俗,也不像"东风无力百花残"那么凄凉,而是把男女的相思与盛开的梅花结合在一起。在梅花飘落、幽香散发的季节,恰到好处地寄托淡淡的哀思,不放声高呼,不痛哭流涕,想起曾经的种种,唤起内心的思念。

《暗香·旧时月色》与《疏影·苔枝缀玉》一经问世,便成绝代双骄,听众们很喜欢,范成大很开心,大手一挥,把府上歌伎小红送给了姜夔。

被生活压垮了肩膀

除夕之夜,姜夔告别范府,泛舟湖上,小红唱着歌,姜夔吹着箫。当船开进扬州二十四桥的时候,月光、美女、古城让他诗兴大发,当即作诗《过垂虹》一首:

自作新词韵最娇,小红低唱我吹箫。
曲终过尽松陵路,回首烟波十四桥。

贫贱夫妻百事哀,何况一个小妾。

姜夔没有工作,没有官位,卖字为生,望着白净的小红快要变成饥黄的大妈,心生不舍。唉,泥菩萨过河自身难保。思来想去,最终把小红送给了别人。

岁月蹉跎,时光流逝,姜夔已经成了沧桑的中年大叔,终于在杭州遇到了恩人张鉴,让他的生活有了些微的起色。

张鉴乃是南宋大将张俊的后代,典型的高富帅,在杭州、无锡等地拥有大量的田产、别墅。他非常欣赏姜夔的才华,准备出钱给姜夔买个官做,但被姜夔拒绝了。在考试为王的宋朝,买官太丢人。

我不是毫无底线的下等文人!

既然不买官,那就留下来,我供你吃喝,你给我诗歌。

张鉴成了姜夔晚年最好的朋友和最大的"菜篮子"。

姜夔干脆全家搬迁,定居杭州。在张鉴的资助下,整理遗失的乐曲,写成音乐理论著作《大乐议》《琴瑟考古图》进献朝廷,希望获得重用,可是石沉大海。两年之后,他卷土重来,我不信我的音乐才华不能当饭吃?

他又进献《圣宋铙歌鼓吹十二章》,用古乐配词唱唱"盛世"的赞歌。这一招果然有效,朝廷降下恩旨,允许他"免解"入试。宋朝最低一级的科举叫解试(乡试),考中了才有资格参加京城礼部主持的省试。现在朝廷给了姜夔一个保送生的名额,以你的才华,不用参加解试了,直接到京城来参加省试,考中就是进士,就给你官做。

可惜,姜夔依然没有考上。

词曲并不是宋朝文人的主食,而是茶余饭后的小甜点。宋代科举考试的内容不断发生变化,刚开始跟唐朝一样重视诗赋。经过范仲淹、欧阳修等人的改革,诗赋的重要性大大降低,议论文(策论)的重要性大大提高。到了王安石变法时期直接取消了诗赋考试,只考儒家经典。到了南宋,议论文依然决定了考试的分数。

一个音乐特长生怎么能竞争得过那些天天啃课本的考霸们?

而且,在严肃的科举考试中,你写情啊爱啊,怎么可能得高分?

失望至极的姜夔做了一个重要决定:永不再考。布衣终老。

可是,张鉴先他而死,失去了最大的幕后投资大佬和过命的知己好友,姜夔再也无法雄起。他既不喜欢劳动,也不喜欢经商,还收藏古董,接济他人,是个只花钱不赚钱的主,所以生活越来越困难。

嘉泰四年(1204年),杭州城发生特大火灾,很多百姓的房屋被毁，姜夔小宅也在其中，他的家产——图书——被烧了个精光。他直接从"贫困户"沦为"特困户"，随着认识的亲朋好友相继去世，他只能再次四处奔走，最后死在了西湖边，穷得没法下葬。几个朋友凑钱，才把他埋在了杭州钱塘门外。

后来朝廷想起他的音乐才能，准备让他担任掌管宗庙礼仪音乐的官职，派人寻找，却发现，人家已经去了阴曹地府。

姜夔的应试能力较差，但是创作能力很强。他精通乐曲，研究乐理，属于填词、作曲、演唱、书法、弹奏的多面高手。尤其在作曲方面无师自通，靠着天分与勤奋钻研历代的音乐曲谱，他留下了十七首自创的曲子。如果放在现代，他绝对是个顶级的作曲家、作词家、影视歌三栖明星，何愁没有钱？

就算去世多少年以后，他依然红透半边天。

到了南宋中晚期，宋词经过众多文人创作，内容更加丰富，却与演唱的初衷渐行渐远，写出来的词很好看，却未必很好听，很多词并不符合演唱要求，只是成了诗歌的另外一种方式。

精通作曲的姜夔一看，这怎么行？词是用来唱的，不是用来显摆才华的。于是他发挥他在音乐方面的天赋，自创曲谱，改正旧调，始终不忘初心，让词回到演唱的初衷上来，他很注重选词炼句，脱离了柳永词的俗气，再配上他那自然无痕、闲云野鹤般的歌词，将长调慢词推向了一个全新的境界。

因此，他被后世文人封为填词界的名门正派宗师，清朝学者朱彝尊甚至认为他应该自成一派——浙西词派，与豪放派、婉约派三足鼎立。

只可惜生活圈子的狭窄缩小了他的视野，过分雕琢的语句限制了他的发挥，他的词的内容读起来没有苏轼、辛弃疾、李清照那么广阔，有点新瓶装老酒的味道，始终脱离不了男女情爱和个人愁绪。

《暗香》《疏影》读起来朦胧深沉、典雅优美，却始终褪不去女人的哀怨和惆怅，缺少了苏轼词的洒脱与豪迈，读多了有些郁闷和压抑。

这也不能怪姜夔，毕竟时势造英雄，他没有苏东坡待遇优厚的工作，没有北宋巅峰时刻的环境，处在王朝的末尾，一切都是灰色的。

下面这个男子，虽然留下了众多的宋词名篇，生活也始终是灰色的。

吴文英·没有你的日子我该怎么办

"不走行不行啊?"一个穿着简朴而又有些书卷气的男子急切地看着眼前一脸决绝的女子。

"不走你养我啊?"女人终究没有将这句话说出口,她不想伤害这个敏感脆弱的大才子,更不想破坏两人之间幸福的点点滴滴。可是不走,穷困潦倒、吃了上顿没下顿的日子实在让她受不了了。生活中不仅仅只有诗词,更多的是柴米油盐。现在他们两个人生活都困难,如果有了小孩呢?

"我们还能再相见吗?你还会回来吗?"男子继续追问,他怎么也想不明白,这个曾经温柔似水的女子,如今却这样冷漠无情。

"有缘总会相聚的!"女子含着泪水,咬了咬牙,头也不回地坐上了小船。

看着恋人远去的背影,男子心如刀绞。泪水模糊了他的双眼,痛苦涌上了他的心头。爱情梦醒了,现实迷糊了。

很快到了清明时节,男子依然没有等来心爱的人。睹物思人的男子写下了那首深情的《风入松·听风听雨过清明》:

听风听雨过清明,愁草瘗花铭。楼前绿暗分携路,一丝柳、一寸柔情。料峭春寒中酒,交加晓梦啼莺。

西园日日扫林亭,依旧赏新晴。黄蜂频扑秋千索,有当时、纤手香凝。惆怅双鸳不到，幽阶一夜苔生。

雨纷纷扬扬，淅淅沥沥。如今只剩下我独自一人听着风，看着雨。落花遍地，曾经你我踩在上面嬉戏。现在再也不想看到落花，我把它们埋入土里，怀着忧愁草草写下瘗花铭。分手时楼前的那条小路，如今已是杨柳成荫。每一根柳条，都寄托着我对你的柔情与思念。可是，你去了哪里？我只能在料峭春寒中喝得大醉，麻痹自己。昏昏沉沉地睡去，我要到梦里找寻你。可是清晨黄莺的啼叫声，惊醒了我本已纷乱的梦境。

那个我们共度无数美好日子的西园，我每天都会去打扫干净，时刻等着你回心转意。唉，雨后天晴，走进园中看看风景，天啊！到处是你的身影。一群群蜜蜂频频停落在你曾经荡过的秋千上，走近一闻，那绳索上还有你纤纤玉手留下来的芳馨。再也看不见你轻盈的脚步，再也听不到你开心的笑声。幽静的台阶上，一夜之间，竟然长出了无数的苔藓。

男子名叫吴文英，号梦窗，正史上没有留下他的传记与生平。他没有考中过科举，没有正式的工作，一辈子过着"打零工"的生活。他在显贵人家当幕僚，起草公文，订正文案，工作之余帮人家填填词曲。没人知道他具体的出生和死亡日期，也没人知道他众多诗词中提到的女子是谁，我们暂且称她为苏姬吧！

从人物本身的地位来说，他好比一棵无人知道的小草。但是从他在宋词界的影响来看，他的成就可以比肩周邦彦和姜夔。他留下了三百四十首词，远超宋朝大部分词人。他是南宋末年最具代表性的词人之一。

可是身处王朝末期，政治黑暗，山河破碎，他也无心科举与仕途，只能靠着自己的文字才华在达官贵人家里帮忙写写文书，献点词曲。

他在苏州当幕僚的时候，认识了一个令其终身难忘的女子。

那一天，她崇拜地看着才华横溢的他，他欣赏地看着闭月羞花的她，两人很快坠入爱河。阳光明媚的日子，他们携手看桃花；百鸟归林的黄昏，他们依偎看夕阳；月明星稀的夜晚，他们嬉笑奏琴箫。

也许是工资微薄，也许是性格不合，两人的感情并未开花结果，女人最终离他而去。史料没有记载什么原因，我们只能从吴文英的词里进行推测：一个字，穷！

为了向痛苦的过去告别，吴文英又漂泊到了杭州。颠沛流离、失去爱人的他总算过上一段比较像样的生活。心情好了，词的风格也有所变化。他站在杭州的望湖楼上，看着西湖美景，写下了一首颇为豪放的新词——《水调歌头·赋魏方泉望湖楼》：

屋下半流水，屋上几青山。当心千顷明镜，入座玉光寒。云起南峰未雨，云敛北峰初霁，健笔写青天。俯瞰古城堞，不碍小阑干。

绣鞍马，软红路，乍回班。层梯影转亭午，信手展缃编。残照游船收尽，新月画帘才卷，人在翠壶间。天际笛声起，尘世夜漫漫。

望湖楼背山面水，亭子伸出水的上方，仿佛飘在半空，下面流水淙淙。从楼顶远望，青山蜿蜒；从窗户俯瞰，西湖如镜。湖对面的山峰上笼罩着黑云，一时半刻不会下雨。楼后的山峰云雾收起，应该很快就会转晴。看那变化多端的云朵，好像有一支无形的大笔在天空肆意地挥毫作画。在这望湖楼上，可以俯瞰，可以远眺，窗外的小阑干，也挡不住我赏景的兴致。

游客们骑着装配华丽马鞍的骏马，从山中尽兴归来，登上望湖楼，正好是中午休息时间。等候午餐之时，有人翻阅起随身携带的书籍。酒足饭饱，已是夕阳残照，一起欣赏落日余晖吧！新月升空，卷起珠帘，人仿佛进入了梦一样的仙境。远处隐隐约约响起了牧童晚归的笛声,看来,这美丽的世界将要进入漫漫的长夜了。

短暂的快乐之后,吴文英也进入自己的伤心长夜。

他在杭州的生活虽有改观,却依旧寄人篱下,依旧孤独寂寞。痴情的吴文英又时常想起美丽温柔的苏姬。夜深人静之时,辗转反侧;月明星稀之时,魂牵梦萦。一天,他听友人说苏姬回过苏州,便二话不说,马不停蹄地又奔回苏州城。可是,却没能等来见证奇迹的时刻。

他回到曾经的寓所,感觉一切都变了。欢声笑语变成了冷风细雨,二人乐器合奏的声音,仿佛鬼影般地缭绕在屋顶。正值端午时节,他却孤身一人,吃着早已冰冷的粽子,无聊,伤感,怎么也吃不下。当年我们多么恩爱,苏姬任劳任怨地操持着家务,晚上我们写字作词。我们二人好比连环手镯一般无法分离。

可是现在,唉!走到城郊之外,景色也是那么荒芜凄清,只有远处飘着一抹孤独的白烟。梅子未熟,石榴不见,只有绵绵细雨让人愁白了头。

为什么?为什么她当初那么决然而去?难道一点不怀念我们曾经的美好吗?亲爱的,你在哪里?你知道我还爱着你吗?现在的我就像徘徊在汨罗江边的屈原,孤独地哀叹,伤心地呐喊,叫天天不应,叫地地不灵。我该怎么办?没有你的日子我真的好孤单。虽然我极力挽留,可是破镜再也无法重圆。

睡不着,翻来覆去睡不着。只能吹起洞箫,希望它的声音能够驱散天上的愁云,让我看看新月的脸吧!

一首《满江红·甲辰岁盘门外寓居过重午》寄托了这个痴情男子无限的哀思与惆怅:

结束萧仙,啸梁鬼、依还未灭。荒城外、无聊闲看,野烟一抹。

梅子未黄愁夜雨，榴花不见簪秋雪。又重罗、红字写香词，年时节。

帘底事，凭燕说。合欢缕，双条脱。自香消红臂，旧情都别。湘水离魂菰叶怨，扬州无梦铜华缺。倩卧箫、吹裂晚天云，看新月。

伤心的吴文英又回到了杭州，后来朋友帮他在越州（今浙江省绍兴市）找到了一份不错的工作，给浙东安抚使吴潜做幕僚。吴潜乃是南宋末年有名的大臣和文人，很欣赏吴文英的才华。二人在工作场合是上下级，在业余时间是好友知己，还曾一起去抗金名将韩世忠的别墅——沧浪亭欣赏梅花，吴文英写下了《贺新郎·陪履斋先生沧浪看梅》。

可是好日子没过多久，他失去了好靠山。吴潜被奸臣贾似道设计杀害，吴文英又过起了漂泊动荡的生活。最后在越州的嗣荣王赵与芮府上当了门下客，为嗣荣王及其家人写写祝词，做做临工。嗣荣王不是吴潜，只把他当作写文字工具。所以，他的精神世界依旧空虚。

生活的失意，感情的失败，山河的破碎，犹如挥之不去的魂灵缠绕着暮年的吴文英。他再也经不起颠沛流离，再也受不了孤独寂寞，在贫穷又绝望中离开了人世，留下了很多凄美又感伤的词曲。而处于风雨飘摇的南宋王朝也很快灭亡了。

吴文英的词算是宋朝婉约派最后的绝响。他沿着周邦彦的路子创作又不想拾人牙慧，于是，故意打破了大家正常的思维习惯，词的跳跃性很大。好比电影里的镜头切换，上一秒还漫步在热带海边，下一秒就来到了西伯利亚的雪地。普通人没点想象力，接不住他的词。他的词非常重视格律、修辞和炼字，有点为了高雅而高雅的味道。好比一个暴发户，为了脱离之前的俗气，刻意买各种名牌服装和化妆品来打扮自己，花钱上各种提升气质的培训班。他的词乍一看，的确让人觉得耳目一新，镇得住场面，但是看多了，就感觉有点刻意为之的做作。

　　当然，这也是时代的局限，毕竟他处于南宋末期，宋词界早就耸起了一座座难以超越的高山，想要脱颖而出，他只能在字的雕琢和词的形式上下功夫。

　　吴文英的爱情词抛开了之前文人们的自恋，不再是站在男人的角度去幻想女人对自己的哀怨与多情，而是从男人的第一视角直接写自己的悲伤与思念。那么，女人第一视角的喜怒哀乐又是怎样的呢？宋朝教育的普及造就了无数的女词人，最出色的代表当然是李清照。

李清照·姐姐一出手，乘风破浪众低头

哈，幸福得像花儿一样

李清照出身于齐州章丘（今山东省济南市）的官宦人家，父亲李格非乃是苏轼的徒弟，是有名的文学家、藏书家；母亲是状元王拱辰的孙女，文化修养极高。在这样的家庭里，想不读书也难啊。她琴棋书画，样样精通，随手一写，都是经典。很快，她将同龄的男孩子们远远甩在了身后。

少年时期，她跟随父亲在繁华的汴京生活，日子过得开心自由，她把快乐的生活写进了诗词。

常记溪亭日暮，沉醉不知归路。兴尽晚回舟，误入藕花深处。争渡，争渡，惊起一滩鸥鹭。

昨夜雨疏风骤，浓睡不消残酒。试问卷帘人，却道海棠依旧。知否，知否？应是绿肥红瘦。

大家不可思议地看完这两首《如梦令》，为什么简单的文字经过她的手就会如此灵动呢？

我们可以采用画面重组想象法和内容改编法对这两首词进行深度赏析，想象一下眼前会浮现一幅什么样的画面？

前一首《如梦令》展现少女的欢乐开怀。少女清晰地记得那次在溪边亭中游玩，沉迷于优美的景色中，忘记了回家的路。嘿，今天大家玩得太疯狂了，不好，马上天要黑了，要赶紧调转船头，匆忙之中却闯入荷塘深处。哎呀，哎呀，出不去了，出不去了，赶紧划，赶紧划。你划，她也划。少女们的吵闹声惊起了一大群水鸟，它们扑闪着翅膀飞走了。

多美的画面。黄昏、游船、荷塘、莲花、鸥鹭等，简单的景物经过排列组合，竟然出现了神奇的效果。两个"争"字特别形象，几个小伙伴为了赶时间争着划船，你从这边划，她从那边划，顿时乱作一团，眼前仿佛出现了一群害怕回不了家而焦急不安的少女们。如果把"争"换成"快"，完全没有了这种慌乱的感觉。"一滩"用得极好，让人清晰地看到整片水滩上受惊的水鸟一大片、一大片地飞起来，下面是满池荷花，上面是漫天水鸟，太美了。

简单几句话让画面充满动感且优美，写出了少女们无忧无虑的快乐生活。

后一首《如梦令》展现了女人们的闲适生活。昨晚喝多了，她迷迷糊糊地睡着了，雨断断续续地下了一整夜，风结结实实地刮了一晚上。早上醒来，她脑袋瓜昏昏沉沉，酒的后劲太大了，现在还没有消散干净。啊。狂风！她想爬起来去看看庭院里的花，却浑身没劲。于是她焦急地问身边的丫鬟：

"嘿，你赶快看看院子里的海棠花，怎么样了？"

丫鬟根本没往院子里瞅，小姐又是哪根筋搭错了？花还能怎样？一边卷着窗户的珠帘，一边漫不经心地说道："肯定跟昨天一样啊。"

小姐瞟了一眼不走心的丫鬟，轻声责怪道："你这死丫头，我真是对牛弹琴！你知不知道，知不知道啊！这个时节，风吹雨打，庭院里应该是绿叶繁茂、红花凋零才对啊！哼，真不懂得怜香惜玉。我那些可怜的花朵呦。"她把两个小姑娘日常的对话写得如此生动。

"知否，知否？"反复询问，让人感到她心中着急又无奈。"肥""瘦"两个字将植物拟人化，形象地写出绿叶多、红花少的情景，让树叶与红花的样子清晰地展现在我们眼前，一个肥头大耳，一个瘦骨嶙峋，换成"落"，就没味道了，花跟人一样，已经瘦下去了。

李清照留下来的每首词都是经典，她描绘的景色丰富而又富有动感，简单的几个字词到了她手里，仿佛变成了快乐的小精灵。

送走了年少的无忧无虑，迎来了爱情的朦朦胧胧。她的内心泛起了微微的涟漪，谁才是期待中的他呢？

一天，她正在荡秋千，远远来了个英俊小生，让她的心里小鹿乱撞，好帅啊。是谁呢？于是她写下《点绛唇·蹴罢秋千》：

蹴罢秋千，起来慵整纤纤手。露浓花瘦，薄汗轻衣透。
见客入来，袜刬金钗溜。和羞走，倚门回首，却把青梅嗅。

天气温和而晴朗，李清照快乐地荡着秋千，玩了一会儿，感觉有点累。"慵整"用得很形象，懒懒地擦一擦手，疲劳之中透着闲适，无忧无虑中隐隐透出心情的无聊。身上的香汗从轻纱一样的衣衫中渗透出来，仿佛晶莹饱满的露珠挂在瘦弱的花朵上，让人隐隐约约感受到了少女的自恋与得意。

突然，她远远地看到一位帅气的客人来家里拜访，哎呀，怎么办？我浑身是汗，脸上的脂粉也掉了，素颜的我会不会显得很难看？会不会影响我美丽的形象？

赶紧跑。她连鞋子都顾不得穿上，穿着袜子就走了，头上的金钗也掉下来。"溜"字用得好有意思，金钗跟人一样含羞地溜走了。

跑到闺房的门前，嘿，那位帅哥到底是谁呢？刚才没看清啊。他长得什么样呢？不甘心的少女又靠着门口，回头偷偷地瞟了一眼，哎呀，对方也在看我，怎么办？被发现了，好丢人啊。

嘿，门口正好有一棵青梅树，她假装闻着青梅，用余光偷偷扫着对方，心怦怦直跳。"嗅青梅"写得真好，把少女害羞而又好奇的心情刻画得入木三分。

李清照写词总是能够用平常的字眼描绘一幅幅清新脱俗的画面，高手出招，看似风轻云淡，实则高深莫测。

心爱的人来了，就得牢牢抓住。18岁的李清照带着羞涩与期盼嫁给了温文尔雅的顶级官二代赵明诚（父亲赵挺之官至宰相）。

夫妻二人虽然不是青梅竹马，却在婚后比翼双飞。

他俩情投意合，兴趣相近，都喜欢收藏字画、古玩、金石与图书。两人爱得死去活来，在一起玩得不亦乐乎。

他们经常玩一些高级的自创游戏，比如烹茶猜书。两个人每天吃完饭，煮好茶叶，坐在书房，指着书柜或书堆——

"老公，我来说个故事，你来猜猜，它出自哪一排哪一本书的哪一行，好不好？"

"嗯？这是什么故事？你知道？"

"嗯，在那本书里的第×页第×行。"

这就是他们经常做的小游戏，先猜出来的人先品茶，他们一边读书一边做游戏，生活甜蜜蜜，爱在春风里。

因为幸福的生活，李清照前期的作品也特别清新有趣。

如果两人分别，偶然短暂的夫妻分别也会让她伤心惆怅，像她在《醉花阴·薄雾浓云愁永昼》中写下的那样：

薄雾浓云愁永昼，瑞脑消金兽。佳节又重阳，玉枕纱厨，半夜凉初透。

我刚才讲的故事，出自书架上第几排第几本书呢？

3排2本。

老公你又猜错啦！

哦~

天天玩我都背会了，傻丫头。

东篱把酒黄昏后,有暗香盈袖。莫道不销魂,帘卷西风,人比黄花瘦。

想你想得我都瘦了,你还不回来吗?

除了打情骂俏,他们经常做的一件事就是收集、研究金石。金石学就是买来或找来古代的青铜器和石刻碑碣,研究上面的文字和记录的历史,上面的历史记录比书籍更加真实。赵明诚一辈子都在研究这玩意儿,成了著名的金石学家,李清照为了支持丈夫,宁愿节衣缩食也要买到金石。

共同的兴趣让他们稳稳幸福了25年。

唉,我的后半生啊

可惜,金兵南侵,北宋灭亡,夫妻二人漂泊他乡,来到南方。一路上,多年珍藏的古玩字画遗失大半。经不起折腾的赵明诚,感冒高烧,患上疟疾,一命呜呼。

这一年,赵明诚49岁,李清照46岁。

国破家亡,财物丢失,钱袋空空,亲人流散四方,李清照独自一人流浪。当时南宋朝廷刚刚成立,金人趁南宋朝局未稳跨过长江,宋高宗到处逃跑。

李清照心里泛起嘀咕,我一个女人,失去丈夫,失去一切,都不怕,皇帝一个大男人带着一帮大臣,怎么如此害怕敌人呢?不能跟他们锣对锣鼓对鼓地打吗?

唉,追随逃跑的皇帝,总比沦落为敌人的俘虏好吧?

宋高宗不停地跑,李清照不停地追。

她偶尔歇歇脚,做了一个梦。

醒来后,提笔写下《渔家傲·天接云涛连晓雾》:

天接云涛连晓雾,星河欲转千帆舞。仿佛梦魂归帝所。闻天语,殷勤问我归何处。

我报路长嗟日暮,学诗谩有惊人句。九万里风鹏正举。风休住,蓬舟吹取三山去。

这首词豪放得连豪放派都自愧不如。

远处天际,云涛滚滚,雾海蒙蒙,连成一片。银河里成千上万的帆船在竞相飞舞,梦中的我仿佛回到了天帝所在的地方。天帝派人传话来了,亲切地问我,你要到哪里去啊?

嘿,路途漫长啊,太阳快要落山了,我空有一身本领,常有震惊世人的诗句,想要和大鹏一样展翅高飞,直上九万里。大风啊,你千万别停住,吹着一叶扁舟,把我送往蓬莱仙境去吧。

在孤独寂寞的路上,李清照用豪放的词句给自己和他人注入了一剂兴奋剂,但是写词也写不来饭吃。在封建社会,女人再有才华也无法参加科举考试,也无法进入体制内。像李清照这样的大家闺秀,除了依靠家庭或丈夫,基本没有收入来源。

残酷的现实生吞了她美好的梦想,兵荒马乱,连活着都不容易。正当她孤苦无依的时候,一个叫张汝舟的男人闯进了她支离破碎的生活,抚慰她受伤的心灵。

唉,女人终究还得有个男人依靠,嫁了吧。

被小张嘘寒问暖而感动不已的李清照顶着压力选择再嫁,晚年的她依然选择相信爱情。

但是,张汝舟跟赵明诚差了十万八千里。他原本以为大收藏家李清照肯定有很多值钱的古玩字画,随便弄两件,便吃喝不用愁。结了婚以后才发现，原来古玩早就遗失，老李穷得叮当响。他的如意算盘是当个软饭大王，现实却要他赚钱养家。

呸，那我娶个老女人干吗？当姐姐吗？拿走李清照仅剩的一点财产之后，张汝舟小人本性暴露，一言不合便对李清照拳打脚踢。

结婚不到一百天，看清丈夫丑恶嘴脸的李清照坚决提出离婚，不求追回钱财，只求快点自由。

然而在古代，家暴不能算作离婚的理由，大家只会觉得女人没耐性，除非丈夫犯法。犯法？他张汝舟犯的可不是小法。

李清照最终鼓起勇气，豁出去了，举报丈夫营私舞弊、贪赃枉法。最后张汝舟被判流放边关，李清照获准离婚。但是宋朝法律规定，不管妻子有理没理，告发丈夫也得判刑进大牢。好在多方朋友积极营救，被关押9天的李清照终于恢复自由之身。

她逃出魔掌后，并未消沉。

她一边整理前夫赵明诚的遗作——《金石录》，亲自撰写《金石录后序》，一边继续创作文学作品，《声声慢·寻寻觅觅》展现了她晚年孤苦伶仃的生活，也代表了她晚期作品的最高水准。

寻寻觅觅，冷冷清清，凄凄惨惨戚戚。乍暖还寒时候，最难将息。三杯两盏淡酒，怎敌他、晚来风急？雁过也，正伤心，却是旧时相识。

满地黄花堆积。憔悴损，如今有谁堪摘？守着窗儿，独自怎生得黑？梧桐更兼细雨，到黄昏、点点滴滴。这次第，怎一个愁字了得。

开头的叠字用得特别好，换成"到处寻觅，一片冷清，心中凄惨悲伤寂寞"是不是完全没了感觉？叠字不仅很有节奏感，还能让我们从中感受到冷清、寂寞、悲凉如同绳子一层一层地缠绕在她的身上，找来找去，找不到方向，找不到依靠，逃不脱，躲不掉。

在忽冷忽热的季节，人的身体最难保养，搞不好就生病。身上发冷，喝下两三杯淡酒。为什么用"淡"字呢？没人作陪，没有气氛，寡淡无味。本想借酒驱寒，结果一阵疾风吹过，我全身又开始发冷。正在伤心惆怅的时候，看到一只大雁飞过，我的天啊，它不是以前那只吗？想起它以前飞过时，我依偎在丈夫的怀中，那时我们一起看着大雁和蓝天，多幸福啊。

　　大雁勾起了李清照的快乐往事，跟现在孤家寡人的情形一对比，她的心又凉了半截。唉，不看天空了，她眼睛瞟向院子，我的天啊。满地堆积着凋零飘落的菊花，枯萎衰败，自生自灭，如今谁还会来采摘它们呢？以前这个时候，我和丈夫一起携手采花、插花、赏花。不看了，越看越想起曾经的种种美好，让人头都大了。

　　睡觉。睡着了就什么都不想了。可是一个人怎么能够熬到天黑呢？就这样守着窗户，轻声而又焦急地呼唤，黑夜你快快来吧。翻来覆去，却怎么也睡不着，窗外又传来细雨击打梧桐的声音，滴滴答答，滴答滴答……仿佛一根根毒针不停地扎在胸口，让人喘不过气来。这情景，这现实，一个愁字怎么能说出我心中的郁闷呢？

　　整首词没有说孤独，却处处是孤独，淡酒、大雁、黄花、细雨等景象都融入了词人无限的惆怅与寂寞中，让人感觉悲伤逆流成河、思念冰冷如水，逃也逃不了，躲也躲不掉。

　　用画面重组想象法和咬文嚼字法来鉴赏诗词，让人仿佛身临其境，画面感与代入感都极强，这就是情景交融的好处。

　　李清照的词比较好懂，没有多少典故和生僻字，让人一目了然。真正的高手喜欢把复杂的道理简单化，他们的文字往往都是通俗易懂的，于普通的字词中彰显出深厚的功力。而有的人掉旧书袋、炖毒鸡汤，卖弄学问和文字，这并不是真正的文学创作。

　　语言通俗自然、明白如话，却婉转悠扬、音律和美，看似作者漫不经心，实则是经过反复推敲的，用简单的几句话就能描写出生动的形象和深沉的情感，是顶级高手的文学修养。

李清照的词不仅成了女才子们难以攀登的高塔，而且成了男文人们难以翻越的高峰，她是婉约派的集大成者。简单的字词到了她的手上仿佛变成了魔幻的音符精灵，能奏出绝妙的乐章。

李清照还专门写了一部词学评论著作——《词论》，点评历代词人与词曲。她主张词就是用来演唱的，必须要讲究声律。她认为，苏轼等人不过将传统的诗歌披上了词的外衣，无法演唱，违背初衷，这怎么能叫词呢？能入她法眼的宋朝词人只有晏几道、秦观、周邦彦等少数几个精通音乐的人。

宋朝从上到下的读书氛围非常浓厚，能解决温饱的家庭都鼓励子女读书识字。虽然女子参加不了科举，但哥哥弟弟们读书，她们在旁边听得多了，慢慢也会写。上自皇后、妃子，下至商妇、妓女、尼姑等，都会填上一两首词。虽然她们也会写词，但是遇到困难后很多女人未必像李清照这么坚强与乐观。

魏玩、朱淑真·我不要才华，只要我的靖哥哥

魏玩在宋朝也是有名的大才女，她丈夫是唐宋八大家之一曾巩同父异母的弟弟曾布，历经宋神宗、宋哲宗、宋徽宗三个朝代，在宋徽宗时期当上宰相，魏玩也因此被封为鲁国夫人。她要钱有钱，要地位有地位，在物质上没有任何后顾之忧。唯独她丈夫四处奔波，两人聚少离多，于是她写了一首首思念的词去发泄内心的苦闷。比如《江城子·春恨》："为报归期须及早，休误妾、一春闲。"《卷珠帘》："泪湿海棠花枝处，东君空把奴分付。"

其中最有名的是《系裙腰》：

灯花耿耿漏迟迟。人别后、夜凉时。西风潇洒梦初回。谁念我，就单枕，皱双眉。

锦屏绣幌与秋期。肠欲断、泪偷垂。月明还到小窗西。我恨你，我忆你，你争知。

《系裙腰》也叫《芳草渡》《系云腰》，词牌的本意是古代女子因为相思忧愁而日渐消瘦，需要勒紧裙腰，否则衣服就要掉下来了。

夜深了，我却难以入睡。自从你离开以后，转眼就到了秋天，凉凉的风吹来，好冷啊。我一个人睡在床上，皱着眉头，哥哥，你在哪

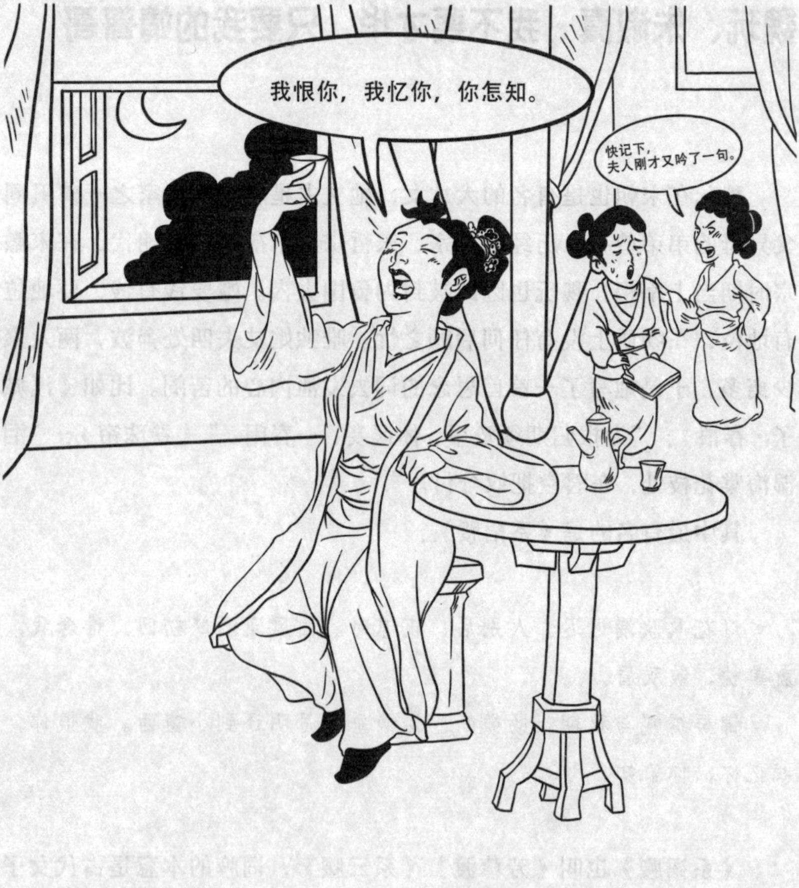
我恨你，我忆你，你怎知。
快记下，
夫人刚才又吟了一句。

儿呢？原本说好秋天回来的，你却让秋风带走我的眼泪和思念，我伤心得肠子都断掉了。

"偷"字在这里用得好，我不能在家人和仆人们面前哭，只能偷偷地哭，要不然多丢人哪。唉，本来就睡不着了，这不懂事儿的月亮，偏偏照到我的窗户里来，这纯粹不想让我睡觉嘛。我恨你离开我，可是又想你，你可知道啊？

在宋词中，这首词写得算是相当大胆的，直接就把我恨你、我想你的词语用上了。我们也可以从这首词中感受到作者的勇敢。

理学家朱熹就很喜欢她的词，曾经评论说，能写文章的宋朝女人只有魏夫人和李清照而已。

孤独寂寞可以逼疯一个人，婚姻不幸会加重这种孤独。

朱淑真出生在富贵之家，家中氛围宽松，她从小过着衣来伸手、饭来张口的生活。在家人的宠爱中长大，这让她养成了无拘无束、自由烂漫的天性。词的内容也大多关于游湖采莲、踏青斗草、赏灯饮酒、品茶弹琴等。她平时经常跟父亲一起喝喝小酒，聊聊诗词，简直把生活过成了诗歌。

可是后来步入婚姻后，她遇到一位俗气的丈夫，他整天不着家，只会追逐名利。这让她产生了无限的失落，想到自己年纪轻轻就像守了活寡，她感到孤独犹如厉鬼天天缠绕着她，啃噬着她已经破碎的心脏。

睡不着的她于是起床写下了《减字木兰花·春怨》：

独行独坐，独唱独酬还独卧。伫立伤神，无奈轻寒著摸人。
此情谁见，泪洗残妆无一半。愁病相仍，剔尽寒灯梦不成。

《减字木兰花》是词牌《木兰花》的字数减少版，它的上下两片相比《木兰花》第一、三句各减掉三个字，押韵的要求也与《木兰花》有些许不同。

词人很会用叠字，词的开头五个"独"并列，实在太妙。无论做什么，都是一个人。读到这儿，让人感觉寂寞与孤独仿佛变成了绳子，缠绕着她的身体，让她无法逃脱，无处躲避。我们眼前立刻出现了一个辗转反侧、无法驱除孤独的女人。我久久地站在那里，精神都要崩溃了，只有寒风愿意抚摸我，体谅我的孤独。"摸"字将风拟人化，能让人直观地感觉到风带来的寒意。

唉，这份愁绪谁能看得到呢？我因伤心泪流满面，脸上的脂粉也被冲洗去一大半。不仅精神压抑，而且身体虚弱，我把灯芯挑了又挑（古代的油灯，灯芯燃烧之后，不及时挑就会落入油中而熄灭），还是无法入睡。灯是寒冷的，人是孤独的。"剔"字如果直接换成"挑"字，好不好呢？"剔"的动作是来回刮，轻轻地弄，更符合女人当时的心情，她并不是想让灯不灭，而是因为孤独始终睡不着，心里想着事情，才无聊随意地拨一拨油灯。"挑"会给人刻意用力的感觉，而她这个时候根本不在意灯亮不亮。

这样的生活过久了，她感到太压抑了。我要释放，我要爱情。后来她遇到了一位青年，两人迅速坠入爱河，短暂的离别都能让她痛苦不已。

她倚靠在窗边，轻轻呼唤情郎的名字，一首《清平乐·夏日游湖》送给你：

恼烟撩露，留我须臾住。携手藕花湖上路，一霎黄梅细雨。
娇痴不怕人猜，和衣睡倒人怀。最是分携时候，归来懒傍妆台。

青年看到后，抱着朱淑真说道："要不你跟他离婚吧！我们永远在一起！"

"他不同意写休书，即使我提出来，他一没犯法，二没久病，三没长期不归，大宋法律规定的能够离婚的条件，我都不具备，我提了官府也不会同意啊。"女子无可奈何地答道。

后来因为一次意外，丈夫发现了她的外遇，火冒三丈地骂道："你这个荡妇，竟然背着我做下此等龌龊事！"

"你在外面花天酒地，可曾明白我的寂寞？"女子压制不住内心的怒火，吼叫道。

丈夫听到这儿，气不打一处来，恶狠狠瞪着妻子："哼，我要让你们身败名裂！"

女人知道这样的眼神意味着什么，生不如死不如一死。事情一旦公开，谁又会同情她的遭遇呢？

夜晚，她来到江边，纵身一跃，投水自尽了。

父母感到无比耻辱，没脸见人，一把火烧掉了她的遗体和大部分诗词。

朱淑真在有爱的家庭中长大，原本生活得自由自在。她早年的诗词也和李清照一样，写得清新浪漫，比如"闲将诗草临轩读，静听渔船隔岸声"。

只是后来不幸的婚姻生活逼退了她以前的天真，也赶走了她以往的幸福快乐。

魏夫人跟朱淑真因为不幸福而孤独，有的人原本幸福却被活活拆散。

王莹卿、张若琼·我的爱情鸟飞走了

一个女人左手托着腮，如同一朵结着愁怨的丁香，陷入了痛苦的沉思中。

为什么？为什么？红颜就该薄命？

当年，表兄申纯住在她家，两人花前月下，吟诗作赋，日久生情，好生快活。只可惜为官的父亲看不上表兄，"在我家蹭吃蹭喝也就算了，还想娶我的女儿？"挨了一顿臭骂后，申纯灰溜溜地跑了。父亲立即为女儿指定了一门亲事，命令她嫁给一个官二代。

"我不嫁人！"女子用尽浑身的力气呐喊。

"不嫁也得嫁！"父亲斩钉截铁，"儿女婚姻，父母做主。你想造反？"

面对强硬的父亲，女儿无可奈何，她的心仿佛被两块巨大的石板拼命挤压，只能以泪洗面。

到了晚上，她仍然无法入睡，于是从床上爬起来，走到书桌旁，将心中的委屈与悲愤化作一首《满庭芳》：

帘影摇花，簟纹浮水，绿阴亭院清幽。夜长人静，赢得许多愁。空忆当时月色，小窗外、情话绸缪。临风泪，抛成暮雨，犹向楚山头。

殷勤红一叶，传来密意，佳好新求。奈百端间阻，恩爱休休。应是红颜薄命,难消受、俊雅风流。须相念,重寻旧约,休忘杜家秋。

夜深人静,独自坐在幽深的庭院,回忆我们曾经花前月下的绵绵情话。表哥,你在哪?原本我们多么般配,多么恩爱,无奈遭到重重阻挠,爱情鸟就这样飞走了。让我们相约来世再相见,重新找回之前的爱情,别忘了我们今生的约定。

不久之后,女人就抑郁而死,听到消息的申纯痛苦万分,也紧随其后,自杀殉情。两人的家长看到这样的结果,一声叹息,何苦呢。罢了,罢了,把他们葬在一起吧。于是将他们二人合葬,为坟墓取名为"鸳鸯塚"。

女子叫王莹卿,字娇娘,北宋时期眉州人,是苏轼的同乡。在古代,家族同姓之间不能结婚,表亲之间可以通婚。但是夫妻俩能否幸福美满,除了取决于两人的感情,还取决于家长的态度,婆婆不喜欢媳妇,岳父不喜欢女婿,都有可能让两人分手。

与王莹卿命运差不多的,还有另外一位著名的女词人。她就是被后人评为宋朝四大女词人之一的张玉娘,也叫张若琼。她出生于文化氛围浓厚的官宦之家。母亲生她的时候已经是快五十岁的超高龄产妇了。

老来得女的父母将她宠成了宝,专门为其量身定制了两位侍女——紫娥和霜娥,还特别为她配备一只小宠物——鹦鹉。玉娘从小就拥有神童必杀技——过目不忘、学识渊博,长大后又拥有对男人的必杀技——貌美如花、才华横溢。

年少的她无忧无虑,写出来的词都清新有趣,比如《牧童辞》:

朝驱牛,出竹扉,平野春深草正肥。
暮驱牛,下短陂,谷口烟斜山雨微。

饱采黄精归不饭，倒骑黄犊笛横吹。

可是家中突生变故，将她由小清新变成了老怨妇。

父母一开始给她选了个如意郎君——表兄沈佺（宋徽宗时期状元沈晦的后代）。张玉娘对他非常满意，羞涩地感慨幸福早早地来敲门。只可惜，后来沈家遭遇变故，失去了原有的地位与权势。世故现实的父亲干脆悔婚，我的宝贝女儿哪能嫁给你这个穷小子？小沈，你还是走吧！

沈佺一气之下，跑到京城埋头苦读，从此两个年轻人失去联系。

玉娘日思夜想，誓死不嫁他人，写下许多惆怅苦闷的诗词，其中就有《蕙兰芳引·秋思》：

星转晓天，戍楼听、单于吹彻。拥翠被香残，霜杵尚喧落月。楚江梦断，但帐底、暗流清血。看臂销金钏，一寸眉交千结。

雨阻银屏，风传锦字，怎生休歇。未应轻散，磨宝簪将折。玉京缥缈，雁鱼耗绝。愁未休，窗外又敲黄叶。

《蕙兰芳引》又叫《蕙兰芳》，本意是歌颂蕙兰花的芳香。

"单于"指歌曲的名字，也叫《小单于》，乐曲声沧桑悲凉。"杵"是洗衣服的捶衣棒，古代没有洗衣机，用木棒对着衣服捶一捶，就干净了。

天快亮了，抱着被子，听着伤心的音乐和捶衣声，唉，好孤独。每天只能以泪洗面，日渐消瘦，瘦得手臂上的金钏都快掉下来了，眉头也皱得都快打成上千个结了。风雨阻断了我们之间的联系，"未应轻散，磨宝簪将折"化用了白居易《井底引银瓶》中的诗句，比喻好事中断。"玉京"指天帝居住的地方，"雁鱼"指书信，"耗绝"指音信全无，古代有雁足传书、鱼传尺素的典故。

唉，愁绪还未停止，窗外的雨滴又敲打着黄色的叶子，是不是有点"梧桐更兼细雨，到黄昏、点点滴滴"的感觉？"敲"字比"滴"字用力，叶子本来就要落了，雨水还不断地敲打着它，发出嗒嗒的声音，真是要人命啊。

读到这儿，我们眼前仿佛清晰地看到一个想睡又睡不着的女人，在唉声叹气地望着窗外。

发奋苦读的沈佺高中榜眼，获得了仅次于状元的全国第二名。实力已经允许他风光回家娶玉娘，结果他因为长期抑郁加上拼命读书累坏了身体，不久就生病去世了。

张玉娘知道后哭得死去活来，在一场大病之后，追上了黄泉路上的表哥，将她的青春年华永远定格在了28岁。父母这时后悔不及，唉，早知今日何必当初？最终他们决定将女儿和沈佺埋在一起。是爸妈不好，你们到阴间做对夫妻吧。

侍女霜娥看到主人去世也郁郁而终，紫娥自杀身死，鹦鹉也因失去主人悲鸣而亡，故事的结尾惨不忍睹。

父母为了儿女的幸福日夜操心，可什么又是幸福呢？每个人对幸福的理解不一样。

如果张玉娘能跟心上人终成眷属而过上幸福生活的话，极有可能成为抗衡甚至超越李清照的大词人，因为她的创作题材非常丰富，且手法多样，尤其是诗歌更是写得豪迈奔放，视野开阔。

《从军行》就是其中的代表：

三十遴骁勇，从军事北荒。
流星飞玉弹，宝剑落秋霜。
书角吹杨柳，金山险马当。

长驱空朔漠,驰捷报明王。

这首词读起来慷慨激昂、积极向上。

她的一些词也显出豪放派的风采,所以有人将她比作东汉的女才子班昭,看到她的词都认为"汉朝的班昭复活了"。只可惜造化弄人,命运无情。她活的时间太短,无法给后人留下更多精彩的作品。

当然,女人写的词也不都是哭哭啼啼、寻死觅活的,也有内容大气磅礴、温暖清新的。巾帼英雄们在灰暗的时候也能用词实现自我救赎,用词作武器,与敌人斗,与命运斗。

王清惠·谁说女子不如男

自从元军一声号角,率军南下,不堪一击的南宋朝廷瞬间灭亡。尚且年幼的新皇帝赵㬎和一帮后宫女人、乐师成了俘虏,在被押往元朝大都的路上,他们受尽侮辱。

俘虏中有一位长相清秀、目光坚定的女子,她原本打算自杀殉国。但她还有一个重要的任务——照顾年幼的皇帝赵㬎。带着他一起死?于心何忍?于是面对敌人对同行之人的欺凌,她只能咬着牙忍了又忍。

她就是王清惠。在宋度宗当太子的时候,她就被选入东宫,因为长得肤白貌美,又腹有诗书气自华,她瞬间成了太子身边的红人。

宋度宗继位以后,任命她为内宫尚书省直笔(宋太宗时期设立的内宫制度,主要管理宫廷事务,并主管尚书省六部请示皇帝的事项,官员基本由后妃充任),负责帮助皇帝处理文件与杂事。因为工作出色,她又被提拔为昭仪(宋朝宫廷女官),一时间红遍后宫,要风得风,要雨得雨。

可惜,元军的铁蹄粉碎了她幸福的生活,她成了俘虏随军北上,半路来到北宋故土汴京的驿站,她面对客栈的墙壁,想起亡国的耻辱,愤懑地写下《满江红·题南京夷山驿》:

太液芙蓉,浑不似、旧时颜色。曾记得、春风雨露,玉楼金阙。名播兰簪妃后里,晕潮莲脸君王侧。忽一声、鼙鼓揭天来,繁华歇。

龙虎散，风云灭。千古恨，凭谁说。对山河百二，泪盈襟血。客馆夜惊尘土梦，宫车晓碾关山月。问嫦娥，於我肯从容，同圆缺？

御花园里太液池的荷花，再也没有以前那么娇艳。还记得，春风吹过富丽堂皇的宫殿，那时的我常常陪伴在皇上的身旁，我的脸庞如同莲花一样红润，我的大名在后宫中如同兰花一样芬芳。可是，忽然响起惊天动地的战鼓声，蒙古人打过来后，宫中的繁华顿时烟消云散。

大宋土崩瓦解，风云变幻，亡国的千古遗恨，我又能对谁诉说？面对破碎的山河，我只能仰天长叹，泪流滴血。我成为俘虏一路向北，在客栈中的夜晚，我被噩梦惊醒。天刚刚破晓，又被催着上路。"碾"字用得好，让人想到碾压、车轮碾碎了圆月，仿佛眼前看到元军的战车和破碎的山河。仰望寒月，想问问嫦娥，能否带我一同飞向天空，脱离痛苦的人世间，和月亮同圆同缺？

可惜，现实无法让她立刻升天殉国，年近六岁的小皇帝赵㬎被元军削去了帝王称号，封为瀛国公。小小幼儿，举目无亲，孤苦伶仃，我得照顾他啊。

上片回忆美好生活，下片面对残酷现实，强烈的对比与反差，让人的内心更容易崩溃。

王清惠既当爹，又当妈，还当老师，将幼帝抚养成人后，就出家做了女道士。她想起亡国的屈辱，最后还是选择了悬梁自尽，飞向月宫，与嫦娥做伴。

在国家支离破碎的时候，个人如同被人踩在地上的蚂蚁，哪有幸福和尊严？

宋朝教育的普及造就了很多女才子，王清惠和李清照早年生活在富裕的环境中，面对命运转折，她们并没有被吓倒，而是诠释了女性应有的坚韧。也有一直生活在底层的女词人，凭借出色的才华改变了命运。

嫦娥姐姐，带我一同飞向天空吧。

吴淑姬·用词曲实现自我救赎

窗外大雪飘扬，寒风凛冽，屋内却温暖如春，热闹非凡，几位地方官员正在聚会饮酒。

"听说你这里关押了一位才华横溢的美人儿？"一个嘴巴沾着油的外地官员问道。

"是的，您怎么知道？"一位面色白皙的本地官员很惊讶。

"她太有名了嘛。不过，她真如传说中的那么漂亮有才吗？"油嘴官员眼睛里充满期待与怀疑。

"一等一的美人儿呢！不过她的丈夫粗鄙不堪，爱拈花惹草。原本想离婚的她，却被丈夫反咬一口，告她与人通奸，还被打入了大牢，冤哪！"白脸文人感叹道。

"嘿嘿，你挺怜香惜玉的嘛！如果她真有冤屈，我可以上报太守大人为她平冤啊。"

"对啊，您跟太守乃是同乡，要不我叫她出来，为各位大人弹奏演唱助助兴？"白脸官员觉得事情有转机。

"好啊，快，快让她过来！"诸位外地来的官员迫不及待地想见见这位传说中的美人了。

他们嘴里的女人就是宋朝四大女词人之一——吴淑姬。

小吴一出场，一帮官员张大嘴巴，放下酒杯，纷纷夸赞："好漂亮的美人！沉鱼落雁，闭月羞花，不足以形容她的美！唉，可惜，可惜啊……"

油嘴官员忽然想起了什么，对着吴淑姬说道："如果你今天能够即兴作一首好词，我就把你的冤情转告湖州太守，也许可以帮你洗刷冤屈。你觉得如何？"

"大人，此话当真？"吴淑姬妩媚的眼睛里射出了期待的光芒。

"本官说一不二，就看你的了！"

"来人，上美酒！解开她的枷锁！"白脸官员命令左右衙役道。

吴淑姬品着酒，望着窗外纷飞的雪花和绽放的梅花，触景生情，有了。她弹起琵琶唱歌词——《长相思令·烟霏霏》：

烟霏霏，雪霏霏。雪向梅花枝上堆，春从何处回？
醉眼开，睡眼开，疏影横斜安在哉？从教塞管催。

四个"霏"字，让人感觉天空大雪纷飞，大地一片苍茫。"堆"字用得极好，雪下得大，堆在梅花树枝上，让人感觉很沉重，符合女人此刻的心情。不管是喝酒后，还是睡觉起来，都看不到希望。梅花横斜的影子还会在吗（到那个时候，我被折磨半天，还有清白吗）？一树梅花，任凭羌笛声催它飘落，"催"字将羌笛拟人化了，催着梅花凋零，急迫而又无情。

整首词既写景色，也写自己，一语双关。

吴淑姬的父亲是个没有考取功名的读书人，他虽然家中贫穷，却坚持教女儿文化。吴淑姬长大后，诗词歌赋信手拈来。后来父母将她许配给隔壁村的一个读书人，可是还未过门，小伙子就病死了。

肤白貌美的她这时被一个有钱人家的子弟看上了，父母犹如抓住救命稻草，立刻将守寡在家的女儿嫁了出去，等待她的会是什么呢？

丈夫不学无术，粗俗不堪，仗着有钱在外拈花惹草，吴淑姬说他两句，他就对吴淑姬拳打脚踢。吴淑姬心灰意懒，继续忍耐？还是不顾一切，反抗到底？离婚！坚决离婚！可是丈夫不同意，反而猪八戒倒打一耙，上告官府，诬陷老婆不守妇道，跟人偷情。

吴淑姬被逮捕入狱，有人看不下去，向地方政府揭发事实真相。有个官员听说吴淑姬的遭遇后，让她出来见面，想考考她是否真的有才华，结果一首《长相思令·烟霏霏》艺惊四座。官员将她的事情禀告给湖州太守王十朋，经过仔细审查，王十朋发现案件的确有冤屈，便立即释放了吴淑姬。

后来她被卖给富裕人家做了小妾，也算用才华实现了自我救赎。

吴淑姬和李清照、朱淑真、张玉娘并称宋代四大女词人。在字词搭配技巧和音乐格律方面，她可以跟李清照平起平坐，但她写的词的内容仅限于成长环境和个人经历，没有李词那么广阔与深刻。

李清照既写得来爱情小清新，也写得出离愁大悲伤，既能婉约，又能豪放，而吴淑姬的词基本停留在离愁别恨上。比如那首著名的《小重山·春愁》：

谢了荼蘼春事休。无多花片子，缀枝头。庭槐影碎被风揉。莺虽老，声尚带娇羞。

独自倚妆楼。一川烟草浪，衬云浮。不如归去下帘钩。心儿小，难着许多愁。

她在词中独创了"花片子"和"草浪"两个新词，富有创意，但是内容题材却比较老套：独守闺房的女子思念远方的情人。

吴淑姬用歌词打动了官员，解救了自己。还有女人用歌词打动了女人，赢得了幸福婚姻。

聂胜琼·一首词，让情敌成了朋友

"相公，你最近怎么老是闷闷不乐？因为路途劳累吗？要不你好好休息几天？"妻子不知道丈夫怎么了，以前生龙活虎的男人不见了。现在的他每天做完公务回到家，就把自己关在书房里，晚上睡觉的时候辗转反侧，深夜时分还会起来唉声叹气。

"没什么事，你先睡吧，我写会儿字。"李之问提起笔，摆弄了半天，却一个字也没写出来。

妻子更加担忧了。

前些天，丈夫在外地做官期满，朝廷有了新的任命，家人催促几次，他都迟迟不回家，也不去上任，难道家人让他回家他不高兴？难道我做错了什么？难道他在外面有了其他的女人？

第二天，丈夫外出办事，妻子走进书房打扫卫生，在书箱底下发现一封被捏皱了的信件，她好奇地拿起来，一首《鹧鸪天·寄李之问》映入眼帘：

玉惨花愁出凤城，莲花楼下柳青青。尊前一唱阳关曲，别个人人第五程。

寻好梦，梦难成。有谁知我此时情，枕前泪共阶前雨，隔个窗儿滴到明。

"女人的字迹？"妻子认识字，也懂得赏析诗词，细细一品，感叹道："好词啊！"

送你离开凤城，我的心也随之而去，当初为你饯行的莲花楼下，柳树依然青翠，而我的心情却依然灰暗。举起酒杯为你唱一首送别的《阳关曲》，希望这首曲子能伴着你走过一程又一程，翻过一山又一山。虽然我早就看不到你了，但是想在梦中与你相遇，翻来覆去却始终睡不着觉，进不了梦乡。

谁能明白我此刻的心情？倒在枕头上默默地流泪。"共"字用得好啊。我的眼泪随着雨儿共同飞，雨在下，泪在淌，仿佛空气都变得湿漉漉的。好一个痴情的女子！窗外的雨滴滴答答、滴滴答答，一直滴到天亮。唉，我睡不着啊。睡不着。

妻子瞬间明白了，丈夫这是喜欢上别的女人了，难怪他迟迟不归，迟迟不肯去上任。唉，谁让他又帅又有才呢。

怎么办？她的内心在进行着激烈的挣扎。大吵一架？还是好言相劝？看着手中的词，简单的景物经过巧妙的搭配，读起来竟然这么深情。柳树、细雨、眼泪，这些简单的意象怎么到对方手里就能化腐朽为神奇呢？看来丈夫出轨的对象段位很高啊。

一定是位修养好、重感情的女子。

妻子的心中有了主意，等到丈夫下班回家，她淡定地问道："写这首词的女人叫什么名字？"

"嗯……"丈夫看着不哭不闹而又冷静的妻子，心生愧疚，于是将自己和这个女人的事情和盘托出。"我在汴京城和一个名叫聂胜琼的名妓交往，在我孤独难熬的时候，是她给了我温柔的安慰。现在她因想念我茶饭不思，日渐消瘦，就寄来了这首词。"

"原来是这样！"聪明的妻子明白，哭闹换不回男人的心。一天傍晚，忙完公务的丈夫一踏进家门，差点惊掉了下巴。

"你？怎么是你？"换上质朴衣服的聂胜琼正与妻子一边说话一边缝着衣服，时不时发出笑声。我在梦游吗？她们怎么会在一起？摸不着头脑的李之问看着妻子，不解地问道："这是怎么回事？"

自从听到丈夫与聂胜琼的故事，妻子便决定成全他们，她认为与其堵住决口，不如疏通水流。于是她偷偷地卖掉嫁妆和首饰，来到汴京，从妓院里赎回了这位丈夫心心念念的女人。

聂胜琼对此感恩戴德，她心甘情愿地成了李之问的小妾。嫁到李家后，她主动褪去华丽的服饰，恭敬地侍奉李妻，一家人过上了幸福快乐的生活。

在官员与百姓都不缺钱的宋朝，青楼生意火爆，妓女们跟文人在一起久了，耳濡目染，也会填词作曲。有些女人从小读书写字，吟诗作赋，后来因为家道中落或政治原因而被卖到妓院，填词更不在话下。当她们能唱出富有文采、缠绵悱恻的歌词时，身价也会水涨船高，容易赢得文人的爱慕。

从词的起源来说，通过歌伎唱出来的词才是正宗的词；从词的地位来说，经过大师改造的词才是绝妙的词。

参考文献

[1] 苏淑芬. 听见宋朝好声音：宋词那些人、那些故事 [M]. 北京：东方出版社，2018.

[2] 易中天. 易中天中华史第十八卷：王安石变法 [M]. 杭州：浙江文艺出版社，2017.

[3] 易中天. 易中天中华史第十七卷：大宋革新 [M]. 杭州：浙江文艺出版社，2016.

[4] 王水照. 中国古典文学基本知识丛书·苏轼 [M]. 上海：上海古籍出版社，1981.

[5] 贾冬婷，杨璐. 我们为什么爱宋朝：重新发现造极之世 [M]. 北京：中信出版社，2018.

[6] 陈峰. 印象·中国历史 宋朝卷 文治之路 [M]. 北京：人民教育出版社，2019.

[7] 唐圭璋，周汝昌等. 唐宋词鉴赏辞典 [M]. 上海：上海辞书出版社，2016.

[8] 肖淑琛. 中国古诗词精讲趣赏：唐诗宋词明清小品名篇解读（全2册）[M]. 北京：中国文史出版社，2014.

[9] 沈约. 宋书（点校本二十四史修订本·全8册）[M]. 北京：中华书局，2018.

[10] 上海师范大学古籍整理研究所. 全宋笔记（全十编）[M]. 郑州：大象出版社，2018.

[11] 洪迈. 容斋随笔（文白对照全注全译全5册）[M]. 北京：团结出版社，2020.

[12] 夏承焘, 游止水. 中国古典文学基本知识丛书·辛弃疾 [M]. 上海：上海古籍出版社, 1979.

[13] 郭正忠. 中国古典文学基本知识丛书·欧阳修 [M]. 上海：上海古籍出版社, 1982.

[14] 司马光. 白话资治通鉴 [M]. 北京：新世界出版社, 2011.

[15] 梁庚尧. 宋代科举社会 [M]. 上海：东方出版中心, 2021.

[16] 苏者聪. 宋代女性文学 [M]. 武汉：武汉大学出版社, 1997.

[17] 贺新辉. 全宋词鉴赏辞典（豪华精装本）（全三册）[M]. 北京：中国妇女出版社, 2004.

[18] 夏方进. 诗词格律与创作 [M]. 北京：北京联合出版公司, 2017.

[19] 齐治平. 中国古典文学基本知识丛书·陆游 [M]. 上海：上海古籍出版社, 1978.

[20] 贾文龙, 郑胜明等. 问吧8：有关宋朝的101个趣味问题 [M]. 北京：中华书局, 2008.

[21] 台港及海外中文报刊资料专辑. 李清照研究 [M]. 北京：书目文献出版社, 1987.

[22] 路卫兵. 白衣飘飘的年代：宋朝那些有趣的人和事 [M]. 重庆：重庆大学出版社, 2013.

[23] 龙榆生. 词学十讲 [M]. 北京：北京出版社, 2005.

[24] 李兵, 刘海峰. 科举：不只是考试 [M]. 上海：上海教育出版社, 2018.

[25] 孙健. 识宋(他们的宋朝)[M]. 北京：华文出版社, 2019.

[26] 杨国振, 陆晨昱. 宋词背后的故事 [M]. 长春：吉林文史出版社, 2021.

[27] 王兆鹏, 王可喜, 方星移, 等. 两宋词人丛考 [M]. 南京：凤凰出版社, 2007.

[28] 王兆鹏, 肖鹏. 茶商赖文政事件的性质与辛弃疾平定的经过——兼析《菩萨蛮·书江西造口壁》的寓意 [J]. 文艺理论研究, 2018, 38 (04): 80—90.

[29] 薛砺若. 宋词通论 [M]. 江苏: 江苏凤凰文艺出版社, 2017.

[30] 王国维. 人间词话译注 [M]. 上海: 上海古籍出版社, 2016.

[31] 刘熙载. 艺概 [M]. 上海: 上海古籍出版社, 1978.

[32] 王力. 诗词格律 [M]. 北京: 中华书局, 2000.

[33] 孙虹, 谭学纯. 吴梦窗研究 [M]. 上海: 上海古籍出版社, 2015.

捧读文化
触及身心的阅读

出 品 人　　张进步　　程　碧

特约编辑　　师明月
封面设计　　陈旭麟 @AllenChan_cxl
内文插图　　大　杨
内文排版　　博雅书装